隱形天賦

HIDDEN GENIUS

The secret ways of thinking
that power the world's most successful people

成功人士的十種祕密思維

POLINA MARINOVA POMPLIANO

寶琳娜・瑪麗諾娃・龐普莉亞諾——著　黃瑜安——譯

獻給蘇菲亞，
和你在一起的每一刻都精彩無比。
我愛你。

目錄

推薦序

用心發現，潛能無限

NU PASTA 總經理、職場作家　吳家德

看完《隱形天賦》，我有三個感想：

第一，知道不等於做到。做到需要的是行動，唯有行動，才有機會美夢成真。

第二，天生我才必有用。從每次的樂於嘗試中，找到屬於自己的成功方程式。

第三，成功只要對自己負責，能夠做到自己設定的期待，就是最美好的成功。

對於天賦一詞，我在演講常對聽眾解釋我的看法。我說：「天賦就是老『天』『賦』予你謀生的能力。」這種能力算是較獨特的，也就是老天會稍稍厚愛你，對你比較好，給你的小禮物。

但小禮物能不能變成大禮物，關鍵還是在於一個人願不願意「多思考」、「多學習」、「多行動」。這三「多」，也是我從書中讀完的心得。

回顧我自己半百的人生，有三件事情對我至關重要。

第一，與強者為伍。如同作者所言，她研究數百位成功人士的行為模式，找到他們之所以與眾不同的關鍵。我也是一樣，在過去的十年，我設定每一年要認識十位傑出的專業人士（醫師、律師、企業家、作家皆是），藉此向他們學習。因為與這群成功人士有更緊密交流，讓我人脈迅速開展，成為人際網絡的大平台，而能幫助更多人。（符合多學習要素）

第二，從金融業轉職到餐飲業。我雖然在三十五歲就當上銀行的分行經理（在南部），但我深切明白，若要當上銀行業的總經理，機率很低。倒不是覺得自己能力不足，而是在這個行業要能登頂成功，勢必萬中選一。所以，當有機會到餐飲業任職高管時，我評估餐飲業的生態環境與我的職場優勢，大膽賭自己一把，終能登頂成功，美夢成真。（符合多行動要素）

第三，每天書寫光陰地圖。光陰是時間，地圖是空間，把時間與空間結合起來就是我們的人生。意思就是透過臉書寫日記的方式，記錄自己每一天的生活。可想而知，當自己用心覺察每天的日常，也就能夠寫下打動人心的故事。而訴說更棒的故事，與作者所說的：「如果你具備好奇心和耐心，你也能在平凡之處找到不凡的故事。」不謀而

合。（符合多思考要素）

「用心發現，潛能無限」。就讓這本書的好觀念，打開您屬於你的隱形天賦吧！

各界推薦

《隱形天賦》就像座寶庫，匯聚各行各業成功人士的可行點子和受用建議。本書為任何想開發自己最大潛能的人提供了靈感。

《原子習慣》作者詹姆斯・克利爾（James Clear）

本書揭開成功人士與眾不同的真正原因，不僅知識含量豐富，讀來更是樂趣無窮。寶琳娜是說故事大師。

《致富心態》作者摩根・豪瑟（Morgan Housel）

寶琳娜是說故事高手，因為她擅於傾聽他人。透過她對領導者和創新者那份非凡的好奇心，《隱形天賦》集結了寶貴的經驗和智慧，處處是新穎的洞察與觀點。

聯合廣場餐飲集團創辦人兼執行主席丹尼・梅爾（Danny Meyer）。

寶琳娜採訪並研究世界上數百位成功人士，沒有人比她更有資格找到成功的模式、系統和思考方式。在《隱形天賦》中，她巧妙地提煉她所學的經驗。本書為志在藝術或商業領域的優秀人才提供成功的指南，也為不斷追求完美的人提供自我精進的地圖。

「紐約人」創辦人布蘭登・斯坦頓（Brandon Stanton）

《隱形天賦》匯集商業、運動、娛樂、政治界的傑出人物如何思考、創造、行動和領導。本書在在展現寶琳娜對人的好奇心，讓我們能盡情探索頂尖成功人士的世界。

《財星》雜誌共同執行長、前助理總編輯派蒂・塞勒斯（Pattie Sellers）

本書不同於其他介紹領導者的書籍。寶琳娜深入剖析成功人士的內心、思考、做法以及實務經驗。她從情感面與知識面介紹了不同領域的領導者，讓廣大的讀者都能產生共鳴。

Athletic Greens 總經理兼營運長凱特・柯爾（Kat Cole）

在寶琳娜的新作中，她編織出美妙的故事集錦，透過這些不可思議的人物，具體呈現她所歸納的『強者的祕訣』，告訴我們如何變得更有創意和想像力。她為你提供了可行的構想，促使你將想法化為行動，並在創作者經濟中持續茁壯。這是兼具高度娛樂性和實用性的書，我強烈推薦。

O'Shaughnessy Ventures LLC 創辦人詹姆士・歐沙那希（James P. O'Shaughnessy）

前言

從我有記憶以來，我就害怕上歷史課。

在我的腦海裡，名字、日期和地點就像是錯綜複雜的拼圖。老師往往將資訊呈現為需要背誦的事件，而不是那些關於成功、失敗、冒險與遺憾等豐富情節的人生故事。但在求學過程中，我意識到一件重要的事：故事會觸發情感，情感則會強化記憶。能讓我記住歷史事件的唯一方式，是將這些事件重塑為一則故事，裡面充滿形形色色的人物，他們的生活讓我更能理解事件的來龍去脈。因此，我沒有刻意去記那些日期和事件，而是研究那些關鍵人物。他們有什麼信念？是什麼驅使他們做出這些行為？動機又是什麼？

我研究為何人們將怒火發洩在瑪麗．安東妮（Marie Antoinette）身上，並將她視為揮霍無度又自私自利的年輕王后，進而了解法國大革命。我試著想像她在讀報時的感受，她或許心想報紙曲解了她，還散播一些謠言。她被迫與年幼的兒子分開，兒子更被迫指控自己的母親犯下數起罪行，這讓我感到一股深沉的悲傷。最後，我試著想像她走向斷頭臺、迎接死亡時，她所感受到的羞辱、無力和恐懼。在生命最後的時刻，她心裡在想什麼？在她短暫的一生中，她學到什麼？

突然間，法國大革命不僅僅是一起歷史事件，而是一個關於人的故事，充滿悲痛、哀傷、憤怒、絕望和心碎——我們都曾在生命中某個時刻經歷過這些情緒。

不知不覺中，我偶然發現一種**「以人為本」（people-focused learning）**的學習方式，也就是將人與他們的故事視為任何學習歷程的核心。

這種學習方式超越了歷史事件本身。

如果我想改善自己的決策技巧或培養心理韌性，我可以選擇一位最能展現這些特質的人，並從他的身上學習。之後，我就會沉浸在他們的故事當中，開始尋找他們的「隱形天賦」（hidden genius），也就是讓他們出類拔萃的特質。這些特質可能是某種思考架構，一個實用的小知識，或是歷久彌新的智慧建言，讓他們成為那個時代的傑出人物。

因此，當我在二〇一七年二月三日創辦名為《人物誌》（*THE PROFILE*）的電子週報，也就不令人意外了。《人物誌》內容包含一系列人物專訪，以及呈現個人詳細經歷的長篇文章。數以萬計的人讀過我的週報，包含演員巨石強森（Dwayne "The Rock"

Johnson）、知名餐飲大亨丹尼・梅爾（Danny Meyer），以及我那了不起的母親。

對我來說，《人物誌》具體呈現了我的學習方式。即使我不寫週報的時候，我也會閱讀這些人的故事——他們建立了有意義的事物，發展出有用的思考方式，而且最重要的是，幫助他人發現自己的隱形天賦——我會從這些人的人生軌跡中學習。

除了我之外，不少人也認同這種以人為本的學習方式，世界上一些最成功的人也是透過學習前人的才華，進而發現自己的隱形天賦。

已故籃球傳奇明星柯比・布萊恩（Kobe Bryant）曾說，當他還是年輕球員時，曾和一些世界上最偉大的球員聊過，像是魔術強生（Magic Johnson）、麥可・喬丹（Michael Jordan）、「大鳥」賴瑞・柏德（Larry Bird）、傑瑞・衛斯特（Jerry West）、奧斯卡・羅伯森（Oscar Robertson）以及比爾・羅素（Bill Russell）。他問這些偉大球員：「你都做些什麼事？你的經歷是什麼？對你來說這是什麼樣的過程？」

同樣地，在史蒂夫・柯爾（Steve Kerr）擔任金州勇士隊（Golden State Warriors）總教練之前，他決定一一拜訪所有他欣賞的教練。他和一些傳奇教頭見面，包括菲爾・傑克森（Phil Jackson）、葛雷格・波波維奇（Gregg Popovich）、盧特・歐森（Lute Olson）、藍尼・威肯斯（Lenny Wilkens）以及彼特・卡洛爾（Pete Carroll），柯爾想了解是什麼原因讓他們如此偉大。

柯爾得到看似矛盾卻又深刻的體悟：他意識到，如果他將這些前輩視為偶像來崇拜，那麼他就不可能成功。「在這些談話中反覆出現的主題是，做你自己，」柯爾說，「試圖成為其他人是沒有意義的。你可以**模仿**別人，但你不能**成為**某個人。」

在你繼續讀下去之前，我想明確點出這本書並**不是**傳統的成功人士大彙編。以往在這種書裡，成功人士會被描述成毫無瑕疵、值得崇拜的英雄，但這本書的重點是**學習**，不是**偶像崇拜**。

以世界西洋棋冠軍馬格努斯・卡爾森（Magnus Carlsen）為例。卡爾森年僅十三歲就成為特級大師，因此記者很喜歡問他的偶像是誰。卡爾森說，他從許多棋手身上學會很多東西，像是弗拉迪米爾・克拉姆尼克（Vladimir Kramnik）、加里・卡斯帕羅夫（Garry Kasparov）以及鮑比・費雪（Bobby Fischer），但他不崇拜這些人。

「崇拜棋手、試圖模仿他們從來就不是我的風格，我只是試著從當代和過去的大師身上汲取他們的精華，」卡爾森說。**從**最優秀的人身上汲取精華，而不是盲目模仿他們的一舉一動，這讓卡爾森得以發展出自己的優勢與風格。

在研究並採訪這麼多優秀人物後，我並不羨慕或崇拜他們其中任何一位。我發現成功並非脫離現實，相反地，人們每天都必須面對自己的家庭問題、金錢問題、不安全感及各式各樣的混亂狀態。

艾爾．帕西諾（Al Pacino）或許被視為有史以來最偉大的演員之一，但他的私人生活卻十分不平靜。帕西諾有三個孩子，但他從未結婚，這個選擇可能源自於他早年與父母相處的經歷，他們在帕西諾兩歲時就離婚了。帕西諾很清楚地意識到，為了實現演藝生涯的目標，一路上他必須放棄某些東西。

如果你可以亦步亦趨追隨特定領域的成功人士，你會這麼做嗎？在讀這本書時，我鼓勵你問問自己：我願意做出同樣的犧牲、犯下同樣的錯誤或付出同樣的代價嗎？成功確實需要付出代價。

在研究過許多人的人生經歷後，我發現一件事：人生從來就不是線性發展。人生並非一道筆直、可預測的直線，而比較像是一張曲折、複雜又跌宕起伏的網。但無論生活帶來什麼挑戰，我們幾乎總是可以從中吸取教訓，學會該效法什麼**以及**該避免什麼。

請牢記這項重要的區別：崇拜別人，會讓你陷入模仿不完美之人的「完美」版本；而學習卻能讓你觀察、整合，並開闢屬於自己的道路。

這本書將讓你看見形形色色的人所擁有的隱形天賦，他們的人生旅程讓他們學會了實用的教訓，如果你願意，你也可以將這些教訓應用在自己的生活當中。世上沒有完美的人，但我相信，我們可以從彼此最成功的經驗以及最慘烈的失敗當中吸取教訓。

這本書聚焦的人物將提供你一些工具，幫助你提升創造力、強化人際關係，並提高你的決策能力。在此邀請你一同踏上這趟學習之旅，最終，這本書將會引領你發現自己的隱形天賦。

第一章

釋放你的創意潛能

想一想你認為最有創意的人，是什麼讓他們充滿創造力？幾個世紀以來，我們一直錯誤地將創意歸因於我們無法掌控的因素。你可能聽過有人將創意視為一種才能、天分，或是少數人才能擁有的神奇天賦。但事實上創意是一種技能，就像其他任何技能一樣，可以經由後天學習而得。創意就是產生新想法、運用新方法解決舊問題，以及創造原創作品的能力。

我們可以理解這個概念，但創意實際上是如何運作的？

經過多年來對創意人才的研究，我的腦袋裡浮現了一個名字：格蘭特・阿卡茲（Grant Achatz）。他是位大膽創新的主廚，雖然他失去了味覺，卻依然打造出世界一流的餐廳。

透過他的故事，我意識到我們對創意的理解是錯誤的。要產生創意並不難，但帶來突破的創意點子往往偽裝成慘烈的失敗，而成功更經常成為創意的無形殺手。

「我常說，發揮創意不過是意識到你周圍的環境，並將這些衝動轉化為特定的媒介，」阿卡茲寫道，「對我來說，那個媒介就是烹飪與餐飲。」

透過料理，阿卡茲能激發客人的好奇心，讓他們感到驚奇、讚嘆和迷惑。阿卡茲和其他創意人才的故事，能幫助我們釋放自己的創意潛能。

建立連結

想像一下，你坐在阿卡茲位於芝加哥的餐廳 Alinea 用餐，你會立刻發現這和你想像得不一樣。

在這裡，你不是用盤子吃飯，而是直接從類似大型畫布的桌巾上吃東西。你拿起一顆番茄，卻發現它吃起來像草莓。你的甜點是一顆可食用的漂浮氣球。Alinea 的晚餐並不只是單純的晚餐而已，而是一場充滿魔法和謎團的饗宴，每晚都能讓客人感到目眩神迷。

這項體驗之所以能夠成真，原因是餐廳創辦人阿卡茲問了自己一個問題：誰說食物不能成為藝術？

阿卡茲被視為美國最具創意、最前衛的主廚之一，他的創造力不僅局限於精心設計的非傳統佳餚，而是從客人踏入 Alinea 的錯覺透視（false-perspective）走廊那一刻起，就能感受得到這些創意的存在。

阿卡茲大約在二十年前創立 Alinea，並在二〇一八年獲奢華旅遊雜誌《精英旅遊》（*Elite Traveler*）評選為全球最佳餐廳。Alinea 的設計構想是三分之一的實驗室，三分之一的感官體驗空間，以及三分之一的劇場。客人會享用十七到十九道菜，這種用餐安排與書籍的章節結構相互呼應。多年來，Alinea 最具代表性的餐點包含肉豆蔻空氣枕頭、黑松露炸彈，以及漂浮的可食用氦氣氣球。

阿卡茲將驚奇、口感、風味與香氣等元素注入料理之中，挑戰客人的味覺體驗，並激發他們的情感。這聽起來不像烹飪，更像是魔術，而且這一切都經過精心設計。

「我們將烹飪過程中的情感元素視為一種調味料，」阿卡茲在網飛（Netflix）節目《主廚的餐桌》（*Chef's Table*）中提到。「你在料理中加鹽、加糖、加醋，也加入懷舊的元素。如果你能打動人心，那麼這不僅是一頓晚餐，還具備更深刻的意涵。」

這種「更深刻的意涵」往往源自於阿卡茲腦袋裡的奇思妙想，但他是如何得到這種非同尋常的靈感呢？答案是透過「食物的萬花筒」來看世界。

換句話說，他的靈感往往來自最意想不到的地方，像是電台播的一首歌、樹葉飄落的景象，或美術館裡的一幅大型繪畫。「你不斷受到各種靈感的衝擊，而我們要做的就是找到一種方法，將這些想法傳達給我們的客人。」他說。

有一次，他聽著美國重金屬樂團討伐體制（Rage Against the Machine）的音樂，想知道為什麼這種音樂風格讓他如此著迷。聽著節奏的高低起伏，阿卡茲問自己：「我要如何打破單調乏味的用餐體驗？」於是，他開始打造一份品嘗菜單（tasting menu）*，用餐順序呼應了討伐體制樂團的歌曲結構，從低谷漸漸邁向高潮。

還有一次，一位客人來到 Alinea 的廚房，為阿卡茲當晚的一道餐點向他致意。那位客人說話時，阿卡茲注意到她那對紅色珠子的耳環。當天晚上，阿卡茲拿出一張紙，構思出一道新的餐點——他想創造一條可食用的繩子，上面點綴一些紅色的裝飾。

因為阿卡茲經常從其他領域得到靈感，Alinea 每四個月就會變成一間全新的餐廳，為顧客帶來新菜單、新裝潢、新體驗。這已經融入了餐廳的 DNA 之中——Alinea 這個名字源自於拉丁語的 *a linea*，意思是新段落的開始，餐廳的名字則象徵了「新思路的起點」。

儘管聽起來很有趣，但阿卡茲獲得靈感的過程其實一點也不新鮮。

十六世紀，文藝復興時期的藝術家李奧納多．達文西（Leonardo da Vinci）也用了類似的方法，他稱之為「連結毫無關聯的事物」（connecting the unconnected），意思是在兩個完全不相干的主題之間尋找連結。

他有時候會把吸滿顏料的海綿扔到牆上，思考著汙漬的形狀，試圖尋找新的靈感。

＊ 指由餐廳主廚挑選出可展現餐廳特色的拿手菜色，種類多、份量少，主廚可透過品嘗菜單展現廚藝創作與想法。

有次，達文西站在井邊，此時附近教堂的鐘樓傳來了鐘聲，而且一塊石頭恰好落入水面。達文西發現這塊石頭引起了陣陣波紋，接著波紋持續擴散並消失。

達文西注意到水面的波紋與鐘塔的鐘聲，並將兩件事連結起來，進而發現聲音是以波動的形式傳播。

達文西發現，人類的大腦會自然地把兩件不相干的事情連結在一起，無論兩者有多麼不同。也就是說，如果你長期關注兩個主題，你會發現兩者之間的關係，並建立其中的連結，進而產生新的靈感。

達文西曾說：「有時候停下來看看牆上的汙漬、火焰的餘燼、白雲、泥土或類似的事物其實並不難，你或許會從中發現絕妙的點子。」

達文西所描述的擴散性思考受到神經科學研究的支持。羅傑・比提（Roger E. Beaty）是《創意大腦》（*The Creative Brain*）的作者，也是美國賓州州立大學創意實驗室的認知神經科學主任。他進行了許多行為實驗，同時運用大腦成像技術來衡量創造力。

在其中一項實驗中，他給受試者幾組隨機的詞彙，像是「鞋子」和「門」、「划艇」和「鸚鵡」，同時要求他們評估這兩個詞彙之間的相關程度。得出的結果是，越有創意的人越能看出兩個不相干物品之間的關聯。

比提補充道，無論是科學家或藝術家，創意的共同要素包含了「靈活的思考和建立連結的能力」。

正如另一位當代創意奇才史帝夫・賈伯斯（Steve Jobs）在一九九六年《連線》（*WIRED*）雜誌的採訪中所說：「創意就是把事情串連起來。如果你問那些富有創造力的人他們是如何發揮創意的，他們會覺得有點愧疚，因為他們沒有**做**什麼特別的事，他們只是**看**到不同的東西。這對他們來說是理所當然的事情，因為他們能夠將不同的經驗連結起來，整合成新的東西。」

有時候停下來看看牆上的汙漬、火焰的餘燼、白雲、泥土或類似的事物其實並不難，你或許會從中發現絕妙的點子。

——李奧納多・達文西

成功人士如何發揮創意

克里斯多福·諾蘭

《全面啟動》、《記憶拼圖》以及《黑暗騎士三部曲》導演克里斯多福·諾蘭（Christopher Nolan）的電影結構遵循「施帕音」（Shepard tone）的配樂構想，也就是一系列音調持續上升的音符。這是一種聽覺上的錯覺，讓人有種音調不斷上升的感覺，幾乎在每部諾蘭的電影當中你都可以聽到施帕音，但你也可以在諾蘭的電影敘事中體驗到這種手法。「我想把這個技巧融入劇本，」諾蘭說，「能不能將三條故事線交織在一起，創造出愈來愈強的戲劇張力？」

多明妮克·克倫

對於Atelier Crenn餐廳主廚兼老闆多明妮克·克倫（Dominique Crenn）來說，新菜色的靈感「總是來自廚房之外」。她在逛博物館、在樹林中漫步或在游泳池旁消磨時間時都會產生靈感。有一次，她和朋友在舊金山麗景公園遛狗，一邊討論著加州即將須布的肥肝禁令，因為這種肝醬是由被強迫灌食的鵝、鴨養出來的肝所製成。

克倫說，當時她看見樹上有一個鳥巢。她知道她必須停止使用肥肝，重新開始。克倫構思一道菜，將剩下的肥肝化作泥土，以玉米鬚製成鳥巢，並用玉米粒做成鳥蛋。她將這道菜命名為「誕生」，代表一個新的開始。

留意你周遭的環境，下一個偉大的點子可能近在眼前。

製造創意

過去，人們常說創意源自於上帝，現在人們談的是「繆思」（muse），這個詞仍然充滿神性，源自於古希臘的靈感女神。

然而，史蒂芬．金在他的自傳《史蒂芬．金談寫作》（*On Writing*）中提到：「繆思確實存在，但她不會從天上翩翩降臨，來到你寫作的房間，在你的打字機或電腦螢幕上撒滿創意的神奇魔粉。她住在地上，她喜歡待在地下室，你必須讓自己下降到她的層級，一旦抵達以後，你必須為她準備整間公寓。」

換句話說，繆思、神靈、魔法都是我們編造出來的東西，目的是為了逃避創意背後乏味又繁重的工作。

隨著阿卡茲不斷挑戰烹飪界的極限，Alinea 也被公認為世界上最好的餐廳。阿卡茲感到充實且滿足，他實現自己十歲以來的夢想。

然而，令人無法置信的事情發生了。二〇〇八年，阿卡茲被診斷出罹患第四期舌癌，Alinea 的天才主廚失去了味覺。「我恍然大悟，心想：『這是有史以來第一次我覺得自己可以在沒有味覺的狀態下成為一名主廚。』因為關鍵在這裡，」阿卡茲指著自己的頭說，「不是這裡。」他指著自己的嘴巴補充道。

這是真的嗎？你可以透過**思考**獲得創意嗎？在失去味覺的情況下，阿卡茲別無他法，只能放手一搏。

他發明一個名為「風味激盪」的技巧。阿卡茲拿出一張紙，以某個主題食材為中心，畫出一個大圓圈，他稱此為「重點食材」，這項食材將決定整道料理的基調。接著，他畫線將「附屬食材」（配料）與重點食材相互搭配。

這種創意方法的整體概念是，重點食材必須與所有附屬食材相互搭配，而每項附屬食材又必須和至少另一項附屬食材相互搭配，如此一來就不會出現奇怪或不搭的食材，破壞整道餐點的風味。

例如，假設重點食材是白腰豆。白腰豆可以搭配什麼？阿卡茲會為「培根」、「蘋果」和「楓糖漿」各畫一個圈圈。

在他為「啤酒」畫一個圈圈時，阿卡茲心裡想的是：「健力士啤酒和白腰豆搭嗎？當然囉，大家都會喝啤酒配豬肉燉豆。」

「啤酒和楓糖漿搭嗎？當然可以，有些啤酒甚至會加入楓糖漿。」

靈感之神繆思確實存在，但她不會從天上翩翩降臨，來到你寫作的房間，在你的打字機或電腦螢幕上撒滿創意的神奇魔粉。她住在地上，她喜歡待在地下室。你必須讓自己下降到她的層級。

——史蒂芬．金

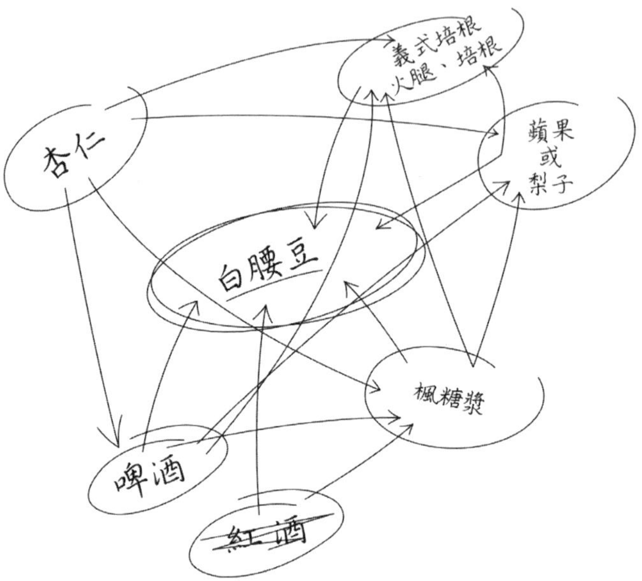

「啤酒和蘋果搭嗎？當然，你可以喝啤酒配蘋果。」

「那啤酒和培根搭嗎？這個嘛，培根和所有東西都很搭，所以啤酒當然可以跟培根搭在一起。」

如果加入紅酒呢？紅酒和一些附屬食材不搭，因此會被視為是衝突元素。

最後，這幅畫看起來就像一群衛星圍繞著地球。這是一種以邏輯為本的創意思維。

被診斷罹癌後，失去味覺的主廚阿卡茲被迫想出新方法，讓Alinea餐廳走在創新料理的尖端。作為一個每隔幾個月就會推出新菜單的主廚，阿卡茲無法坐等謬思女神降臨。也因此，阿卡茲打破一項觀念，也就是世界上最偉大的創作者都擁有「與生俱來」的創意。

創意與其說是轉瞬即逝的靈感，不如說是能

透過持續鍛鍊而培養的能力。「人們往往以為創作過程是浪漫的，」阿卡茲說，「藝術家在夜裡沉沉睡去，然後被自己潛意識裡的絕妙點子給喚醒。事實上，至少對我來說，創意主要是辛勤工作和學習的結果。」

成功人士如何發揮創意

艾倫・索金

編劇、導演兼劇作家艾倫・索金（Aaron Sorkin）認為，規則可以強化創造力，一個細微的差別在於：你必須了解規則，但不一定要遵守規則。

索金心中說故事的聖經是亞里斯多德的《詩學》（*Poetics*），這本書點出了戲劇的規則。從規則和結構中尋找創意靈感看似違反直覺，但索金的理由如下：一旦你了解每部電影中的典型元素，你就可以開始拆解、思考並重組這些元素。

換句話說，只有了解規則，才能打破規則。正如索金所說，藝術之所以美麗是因為它遵循了某些基本規則，而手指畫則是毫無章法的混亂產物。

珊達・萊梅斯

珊達・萊梅斯（Shonda Rhimes）身兼節目統籌、執行製作、編劇，打造許多令人著迷的電視節目，像是《實習醫生》、《醜聞風暴》和《謀殺入門課》。

萊梅斯的隱形天賦在於，她知道如何製造並放大創意。對萊梅斯來說，創作過程始於她腦海裡的一句對白。在將這個點子寫下來或與他人分享之前，萊梅斯會讓它在腦海裡醞釀一段時間。

「在我真的知道自己要寫什麼東西之前，我從不動筆寫劇本、書或任何東西。」萊梅斯在洛杉磯舉行的創意節 Summit LA17 會議上這麼說。「寫作的過程其實很快，有時我可能會花一年的時間構想，最後只花三天的時間完成劇本。」

科學家稱這個階段為「創意孵化」，指的是你的大腦在遇到問題之後經歷的過程（例如萊梅斯心中那個潛在的劇情線）。研究顯示，即使你的注意力被其他任務所占據，你的大腦也會不自覺地持續尋找解決問題的方法，這就解釋了為什麼許多人會在做運動、淋浴或開車時靈光一閃。

從失敗走向成功

創造原創作品意味著什麼？我指的是那種前所未有、震撼人心且全然創新的作品。我在二〇一九年參加了一場會議，當時作家提姆．厄本（Tim Urban）發表了一場

人們往往以為創作過程是浪漫的。……事實上，至少對我來說，創意主要是辛勤工作和學習的結果。

——格蘭特．阿卡茲

主題演講。在演講中他解釋道，要擺脫傳統觀念，創造出原創作品有多麼困難。「當你試圖創造真正的原創作品時，你會犯下很多錯誤，」厄本說，「原創作品簡直是一團糟。」

厄本也針對企業家伊隆．馬斯克（Elon Musk）寫了四篇深度報導（你知道，就是試圖開創清潔能源的未來、殖民火星並阻止機器人統治全人類的那位仁兄）。厄本是如此描述馬斯克和多數人之間不同的思維模式，就像是主廚與一般廚師的差別。「我說的主廚不是那種普通的主廚，」厄本寫道，「我指的是那種具有開創精神、會**創造**食譜的主廚，而其他在廚房裡工作、**遵循**食譜做事的人，他們只是一般的廚師。」

主廚以根本原則為基礎展開推理，一般廚師則是根據既定的食譜進行烹飪。

雖然阿卡茲與馬斯克所處的領域不同，但他們卻有許多共同之處，他們都**發明**了讓他人遵循的規則。

但著手創造原創作品有其潛藏的不利因素：有時狀況會變得很混亂，很容易招致同行批評。

Alinea 開張一週後，《紐約時報》發表一篇針對 Alinea 的評論。一位主廚聲稱阿卡茲和他團隊的創作是「兒戲」、「荒唐透頂」。《時代雜誌》的美食評論家表示，在Alinea四個半小時的用餐體驗令人筋疲力竭，而且料理「毫無意義地詭異」。

阿卡茲的反應令人意想不到。

「我做的第一件事，就是立刻假設批評我的人是對的。」他在二〇一五年告訴《君子雜誌》（*Esquire*）。

為什麼？「沒有人喜歡被別人說他們做得不好。無論你是誰，如果你否認這點，那你只是在說謊。但到頭來，你必須對自己和團隊擁有足夠的信心，才能客觀看待問題所在。」只要你願意考慮部分的批評可能是正確的，就會讓你持續學習、反思、修正、調整、產生新的想法，最終贏得尊重。

但問題依舊存在：我們要如何創造出兼具原創性與顛覆性的作品呢？

讓我們來看看一位徹底改變動畫產業的人。

擁有電腦科學博士學位的艾德．卡特莫爾（Ed Catmull），在一九八六年與史帝夫．賈伯斯和約翰．拉薩特（John Lasseter）共同創立皮克斯動畫工作室，三人就此展開創意冒險之旅，撼動整個娛樂圈。

卡特莫爾的隱形天賦在於，他能同時運用大腦的創造力與邏輯思考。在卡特莫爾長達五十年的職業生涯中，他協助製作多部電腦動畫電影，包含《玩具總動員》、《海底總動員》、《料理鼠王》、《瓦力》和《腦筋急轉彎》。身為電腦科學家，他還發明了演算法，在電腦繪圖方面取得重要發現，協助開創了數位擬真動畫電影。

與一般人所想的相反，卡特莫爾將他莫大的成就歸功於長期以來勇於失敗的精神。當被問到皮克斯的動畫部門是如何屢次推出成功的作品，他回答：「如果一件事成功了，你不應該繼續重複下去。我們要的是創新、原創的作品，而這些作品往往很容易失敗。」

卡特莫爾認為重要、巨大的失敗才是真正前所未有的原創精神所在之處。在創作過程中，卡特莫爾鼓勵他的團隊反覆嘗試、失敗和學習，直到電影的品質達到他們渴望的標準。

卡特莫爾最重要也最實用的建議如下：「你的目標是讓『電梯測試』（elevator test）*宣告失敗。」

我們一從大學畢業，社會就要求我們必須讓自己的「電梯簡報」臻於完美，也就是在搭電梯的短短三十秒內向主管高層清楚傳達你的想法。

卡特莫爾說，如果你能夠通過電梯測試，那你的點子很有可能是模仿前人的結果。

換句話說，你的點子不如你想像得那麼具有原創性。

真正野心勃勃的點子，像是「一隻想煮菜的老鼠」或「一個老人和一位偷渡的乘客，乘著綁滿氣球的房子飄走」，根本無法在三十秒內說完。然而，這些點子後來卻分別成為榮獲奧斯卡獎的皮克斯電影《料理鼠王》和《天外奇蹟》。

原創者通常具備三種特質：他們對世界有獨特的看法、他們有信心能夠實現遠大的目標，而且為了創造大膽創新的事物，他們甘冒一敗塗地的風險。

「起初，我們製作的電影根本一團糟，就跟生活中的其他事情一樣，第一次做的時候總是亂糟糟，」卡特莫爾說，「有時候這些嘗試會被貼上『失敗』的標籤，但這個用詞並不準確。這就像是你推出第一部作品，你學到一些東西，而唯一的失敗就是你沒有從中學習、沒有半點進步。」

* 麥肯錫提出的一種溝通訓練。三十秒電梯測試，意指在乘坐電梯的三十秒內，清晰、準確地向客戶說明觀點。

成功人士如何發揮創意

泰勒絲

有時候不完美也可以讓普通作品變成原創傑作。無論是藝術、電影或書籍，能引發迴響的往往是那些有瑕疵的作品，這些作品反而比完美無缺的作品更容易留在人們的腦海裡。

創作型歌手泰勒絲（Taylor Swift）比誰都更清楚這點。在發行她的歌曲〈空白格〉之後，大家一直把她的歌詞「一連串的前男友名單」（*Got a long list of ex-lovers*）誤聽成「所有孤單的星巴克戀人」（*All the lonely Starbucks lovers*）。泰勒絲無意間因為這首歌的小瑕疵而得到好處，因為這個瑕疵讓人們和他們的朋友談論起這首歌。最後這首歌連續九週蟬聯排行榜冠軍。

克莉絲蒂娜·托西

克莉絲蒂娜·托西（Christina Tosi）是 Milk Bar 甜點店的創辦人，

非常熱衷於創新的嘗試。她盡情發揮甜點的口感、風味、味覺和香氣。有人形容托西的頭腦「極度擅長分析而且十分精準」，這讓她能像科學家一樣地工作。

托西會觀察、假設、測試並分析，直到最後得出一種風味。要達到托西心中的完美標準，必須花數小時、甚至數天的時間。托西說，在追求目標的過程中，你必須失敗**至少**四十次以上，才能接近成功。

但必須注意的是也不能過度修改，因為完美主義往往是創意人才的通病。一旦到了某個時間，你就必須停止修正和調整，並將作品推向世界，向外尋求回饋意見。有時候，托西對完美的理解與顧客不盡相同。托西說：「我們在錯誤中學到很多東西。學習不會發生在完美的時刻。」

當然，在創作過程中擁抱風險需要一定程度的心理韌性。接下來，我們將在下一章中介紹一些提升心理韌性的創意方法。

創意小祕訣

- 創意源自於建立連結，試著將不相干的事情串連在一起。
- 別苦苦等待靈感來臨。創意就像肌肉一樣，試著鍛鍊它吧。
- 創意背後存在著一定的邏輯：找到適合自己的方法，拆解它，就能得到一輩子都適用的創意途徑。
- 毫無章法的自由是創意成就的大敵。試著找出規則、學習規則，然後再打破它。
- 例行的瑣事可以孵化出創意點子。當你的身體忙著處理其他任務時，你的大腦會持續尋找解決方法。
- 如果不能勇於面對失敗，就不可能產生真正的創意。別從電梯簡報的角度思考問題，要擁抱風險。

第二章

養成心理韌性

心理韌性（Mental toughness）是一種難以捉摸的東西。它是一種心態嗎？即使沒有經歷過巨大的創傷，也能培養心理韌性嗎？為什麼有些人擁有心理韌性，有些人沒有？

究竟是什麼將超級馬拉松選手、海豹部隊成員與納粹大屠殺的倖存者連結在一起？心理韌性的定義因人而異，但其中一項共通點是**耐受力**。一個人能夠長期忍受痛苦、不適和不確定性並非偶然。在本章中，我們將認識一些人，他們在混亂和高壓的狀態下仍然能保持冷靜。他們當中有許多人經歷過種種苦難，但這些磨難卻讓他們蛻變成更加堅韌和自信的自己。

他們是怎麼辦到的？

製造艱難的情境

大衛．戈金斯（David Goggins）才二十出頭，患有氣喘、學習障礙與口吃，而且極度自卑。但在某個傍晚，坐在沙發上的他展開了意想不到的旅程。

你可以稱此為「從沙發到連續做四千下引體向上」的旅程：戈金斯挺過三次美國海

軍陸戰隊海豹部隊的「地獄週」、五十多次耐力賽，並締造二十四小時內最多次引體向上的世界紀錄（精確地說是四千零三十次）。

但在這項突破來臨時，戈金斯的狀況並不好，而且這項突破來得十分突然。在空軍服役期間，戈金斯原本的目標是成為空降救援部隊隊員，工作內容結合傘兵、潛水員和攀岩者的專業，負責執行最困難的搜救工作。但在游泳項目失利後，戈金斯便退出空降救援訓練學校，找了一份害蟲防治技術員的工作。

有一天，在結束了月薪一千美元的除蟑工作後，戈金斯從 Steak 'n Shake 餐廳買了杯四十二盎司的奶昔回家。然後坐在電視機前開始瀏覽電視頻道。

「我在探索頻道上看到一個節目，」戈金斯說，「節目中的人正在經歷地獄週（海豹部隊的殘酷訓練）。他們快被凍僵了，海水將他們淹沒，這讓我想起空降救援部隊訓練的回憶。因此，當時體重一百三十五公斤的我決定成為海豹部隊的一員。」

為了鍛鍊身材，戈金斯開始報名耐力賽，但他很快就發現，強健的身體只是成功的一半，他的心理也需要接受鍛鍊。

從小到大，戈金斯都活在恐懼之中。在學校，他不斷遭受霸凌與種族歧視；在家裡，他遭受父親的肢體與精神虐待。「你擁有過最重要的對話，就是你與自己的對話，但我與自己的對話內容卻令我感到害怕，」戈金斯說，「我覺得自己是個蠢蛋，我什麼也不是，我是個失敗者。」

二十多歲時，這些不安全感一直跟著戈金斯，一直到他報名參加「惡水超級馬拉松」（Badwater 135），他才第一次正視這些不安全感。這項比賽要求參賽者必須在二十四小時內，在酷熱的死亡谷惡水盆地裡跑完一百三十五英里（約兩百一十七公里）。

為了取得參賽資格，戈金斯必須先在聖地牙哥參加一百英里（約一百六十一公里）長跑比賽，但他從未參加過長跑比賽。結果呢？戈金斯血尿，整個人差點暈倒，腳骨骨折，並承受著疲勞性骨折的折磨，但他最終完成了比賽。

「這是我一生中經歷過最痛苦的時刻，」他告訴播客主持人喬．羅根（Joe Rogan），「但在八十一英里（約一百三十公里）處，我突然領悟到一件事。我的大腦終於知道我沒有在胡搞瞎搞，它知道自己不會放棄。這是一場自我的對抗。我開始替這些不同的黑暗面帶來光明，並持續深入挖掘。」

這場比賽讓戈金斯明白，他必須發展出一些心理工具幫助他忍受痛苦。

他的第一個工具來自海豹部隊，他稱之為**「四〇％法則」**。這項法則說明了為什麼多數人即使在馬拉松的二十英里（約三十二公里）處遇上「撞牆期」，但仍然可以完成比賽。

道理很簡單：當你的大腦告訴你，你真的不行了，你已經筋疲力盡了，你再也走不動了，實際上你可能只花了四成力氣。

「很多汽車都有調速器，調速器可能會將速度限制在每小時九十一英里，」戈金斯解釋道，「車速之所以只有九十一英里，是因為調速器限制汽車不能加速到一百三十英里。我們的大腦也是如此。當我們感到不舒服時，我們的大腦會給我們一條出路，通常是放棄或是選擇一條更簡單的路。」

戈金斯使用的第二個工具是他所謂的**「問責之鏡」**，即承受可控制的精神痛苦。

戈金斯決定加入海豹部隊時，他盯著鏡中的自己說：「你又胖又懶，而且還是

最重要的對話是你與自己的對話，而我與自己的對話內容卻令我感到害怕。

——大衛．戈金斯

個騙子，接下來你打算怎麼做？」

這句話聽起來很嚴厲，但戈金斯說，他必須直視自己的不安全感，才能克服它。而且這句話的後半句著重在解決辦法，讓這句話不僅僅是自我批評而已。戈金斯在鏡子上貼上便條紙，列出了實現目標所需要的步驟。便條紙上會這麼寫：「試著不要為了博取外界的肯定而撒謊」，或「去跑三公里」。

第三，戈金斯決定**每天都做一件讓他感覺很糟糕的事**，因為痛苦會帶來成長，但這往往代表你必須違背自己的第一直覺。外頭下著傾盆大雨嗎？還是去跑步吧。你很累，但家裡一團亂嗎？還是打掃一下吧。

這種思考模式會讓你變得主動積極，幫助你擺脫懶散、安逸的日常生活。「我對自己洗腦，讓自己渴望這種不舒服的感覺。」戈金斯說。

不用說，我們很少會自願受苦，我們通常都是在不得已的狀態下經歷痛苦與折磨，例如摯愛過世、感情破裂或意外失業。但如果你沒有讓自己自願承受一些痛苦（或是戈金斯所說的「心靈結繭」），那麼你可能就會踏上一段瘋狂的旅程。

你可以自願受苦，把它當成是給自己的**壓力測試**。你可以用人為的方式製造艱難的情境，在生活中刻意創造出一些磨練的機會，那麼，你的大腦將會為你未來可能面對的沉重經驗做好更充足的準備。

海豹部隊特別擅長製造艱難的情境，它們的訓練包括讓學員學習一項困難的任務，也就是控制自己的生理機能。他們使用的原則又稱為「心理韌性的四大支柱」，包含目標設定、心像認知、正向自我對話與興奮度控制。

其中興奮度控制，也就是有意識地調節你的情緒反應，是最有趣的一個技能，因為很少人能掌握這項技能。當一般人處於高壓狀態時，會開始出汗、心跳加速、腦中一片空白，但海豹部隊的成員學會如何在最極端的情況下掌控身體的自然反應。

例如，海豹部隊的成員在作戰時仍可維持穩定的心率，就像運動員在高壓狀態下會出現視野窄化（tunnel vision）＊現象，讓他們毫不費力達成傑出表現。

「佛家有句話：『眾生皆苦』，」戈金斯寫道，「雖然我不是佛教徒，但我懂這句話的意思，你們也懂。生存在這個世界上，我們必須面對各種羞辱、幻滅、悲傷與失落，這是再自然不過的事。每一種生活都有它特定的痛苦。痛苦朝你襲來，你無法阻止，你很清楚這點。」

＊ 在高壓狀態下，運動員注意力會變得過度狹窄，此即「視野窄化」，許多場上運動員的優秀表現來自於他們將目光焦點聚集在自己的目標上，而忽略其他事物。

正因如此，戈金斯認為你不僅要製造艱難的情境，更要每天**刻意尋找**困難的事來做。選擇阻力最大的道路才能建立起真正的自信。戈金斯說，我們許多人只想享受成果，卻不想經歷過程。我們忘了痛苦是進步的必要條件。

成功人士如何養成心理韌性

湯米・考德威爾

攀岩家湯米・考德威爾（Tommy Caldwell）說，他父親做過最棒的事，就是讓他體驗到「有選擇性的艱難情境」。他年紀還小的時候，這對父子就一起經歷過暴風雪，睡在雪洞當中，還攀登過一座座的高山。

「多年來我一直在思考，為什麼有些人能化創傷為力量，有些人卻只能苦苦掙扎，」考德威爾說，「我想目前我得出最好的理論是，這一切可歸結為訓練。探險是我所知道最好的逆境訓練。」

伊蒂特．伊娃．伊格

「痛苦是普遍存在的，」心理學家及納粹大屠殺倖存者伊蒂特．伊娃．伊格（Edith Eva Eger）在自傳《抉擇》（*The Choice*）中寫道，「但是否將自己視為受害者，卻是個人的選擇。」

在我們一生中，每個人都有可能成為受害者。在某些時刻，我們會經歷某種痛苦或折磨，這些苦難是由我們難以控制的環境或人所造成的，「這就是受害，」伊格寫道，「這種痛苦是外來的，也許是欺負人的鄰居、發飆的老闆、拳腳相向的配偶、劈腿的愛人、歧視性的法律或讓你進醫院的意外事故。」

相較之下，**受害心理**卻來自於內心。除了你自己，沒有誰能讓你變成受害者。「我們之所以成為受害者，不是因為發生在我們身上的那些事，而是因為我們選擇緊抓住受害心理。我們發展出受害者心態，這種思考和生存模式僵化、充滿指責、悲觀、困守過去、不願原諒、只想懲罰，而且沒有合理的限制與界線。一旦選擇了畫地自限的受害者心態，我們便成為自己的囚徒。」

如果你不願屈服於這種受害者心態，你就能培養出一種心理韌性，引領你度過最艱難的處境。

將痛苦具象化

你能對痛苦免疫嗎？

多數人都認為我們必須不計一切代價來避免痛苦，但如果你將痛苦具象化，將它視為朋友而非敵人，會發生什麼事呢？

被稱為「痛苦女王」的愛蜜莉亞．布恩（Amelia Boone），白天是蘋果公司的法律顧問，晚上則搖身一變成為障礙耐力賽的選手。

二十八歲時，布恩發現自己連一個引體向上都做不了，那時她報名人生第一場「強悍泥人」（Tough Mudder）比賽。「強悍泥人」是一種耐力賽，參賽者必須完成數英里長的障礙賽，比賽項目通常包括在冰水中游泳、穿越懸吊著重重通電電線的賽道，並通過迷宮般的狹窄管道。

從那時開始，布恩開始瘋狂地想讓自己變得強壯。她在蘋果公司擔任全職工作的同時，三度獲得「強悍泥人」賽的冠軍，成為歷史上戰績輝煌的障礙賽選手之一。

為了在平日抽出時間進行訓練，布恩開始在早上四點起床，外出路跑幾個小時，然後在七點前抵達辦公室。

二〇一九年，布恩參加「後院超馬賽」（Big's Backyard Ultra），這項惡名昭彰的賽事往往被形容為「虐人」的比賽，選手必須重複跑著約六．七公里的環形賽道，直到最後一位優勝者出爐為止。

「我很喜歡比賽中的心理層面，而這項比賽（後院超馬賽）主要就是著重在心理因

> 是否將自己視為受害者，是個人的選擇……
> 一旦選擇了畫地自限的受害者心態，我們便成了自己的囚徒。
>
> ——伊蒂特．伊娃．伊格

素，」布恩告訴我，「你必須專注在通過眼前的下一圈賽道。」

但當疼痛難耐時，布恩知道，一旦她無法掌控自己的心理，她一定會失去對身體的控制，因此她運用**「與痛苦做朋友」**的技巧。

「我不想將痛苦視為敵人。痛苦其實是你的朋友，痛苦能給你提示，告訴你應該關注哪些事情，」布恩說，「比賽時，我會跟不同的身體部位對話：『好吧，腳，你現在有點痛。』如果我將痛苦具象化，我就能將它視為獨立於我的存在。如果我和痛苦成為朋友，它就會引導我、教導我。」

另一位將痛苦具象化的耐力運動員是超馬選手寇特妮·道華特（Courtney Dauwalter）。

二〇一七年，她在摩押沙漠的兩百四十英里耐力賽（Moab 240）奪冠（約三百八十六公里），途中經過猶他州最具挑戰性的地形。她花了五十八小時完成比賽，大幅領先第二名超過十個小時。

比賽中，即便經歷嚴重的噁心、頭部受傷流血以及暫時性失明，道華特仍能保持冷靜。「我不認為這些痛苦和折磨是你應該停下來的徵兆，」道華特這麼告訴體育記者莎拉·巴可（Sarah Barker），「我的意思是，我會排除障礙，並試著處理造成疼痛的原因，但我的解決辦法往往是繼續堅持下去。」

道華特會讓自己把痛苦想像成一個**地方**：她想像自己進入「痛苦的洞穴」。有時你會自願進入「痛苦的洞穴」，有時生活卻強行把你推入其中。

而將痛苦具象化之所以有幫助，是因為如此一來能提醒你，當你進入痛苦的洞穴時，你握有掌控權，你知道自己可以隨時離開。「我不會害怕進入這個洞穴，」道華特說，「我很高興能找到它的入口。」

我在採訪運動心理教練勞倫．強生（Lauren Johnson）時，她告訴我「自我傾聽」與「自我對話」之間存在重大的區別。你應該避免前者，鼓勵後者。

強生說，當你**傾聽**自我時，你會聽到所有負面情緒和無法繼續下去的理由，但當你和自己**對話**時，你可以告訴自己需要聽到的東西，以克服眼前的挑戰。

戈金斯是自我對話的專家，他讓自己相信，痛苦就像是守門人，掌握著通往偉大事物的鑰匙。戈金斯說，「痛苦能打開心靈的祕密之門，為我們帶來巔峰的表現和美麗的韌性。」

這些大師不會將痛苦當成發生在自己身上的不適或折磨，他們將痛苦視為生命，能讓他們的心靈了解到提升自我的祕密。

彼得・史考特—摩根

彼得・史考特—摩根（Peter Scott-Morgan）被診斷出漸凍症後，做了一項重大的決定——他變成了「生化人」（半機器人）。史考特—摩根將自己的人性與人工智慧、機器人技術合而為一，創造出栩栩如生的虛擬化身。但這是什麼意思？

他聯繫了幾間公司，這些公司協助他打造一種聽起來像他本人的合成語音、3D的虛擬化身和能與他人交流的眼動追蹤系統。

史考特—摩根將這種退化性疾病以及隨之而來的精神與身體上的痛苦，視為一位惡霸，而他清楚知道如何對付這種恃強凌弱的人。史考特—摩根和丈夫自一九七九年以來一直陪伴著彼此，後來他們成為英國第一對獲得法律承認的同性伴侶。「我們年輕的時候，」史考特—摩根說，「警察、學校裡的男生、柴契爾政府都欺負過我們。整個社會都不重視我們。我們從這些經驗中學到，面對惡霸時必須挺身而出，別讓他們看到你受了傷。」

在他們眼中，漸凍症是他們目前遇到最可惡的惡霸。將這項疾病描繪為一位惡霸，這讓史考特—摩根從此有了繼續奮戰的動力。

雪兒．史翠德

一九九五年，二十六歲的雪兒．史翠德（Cheryl Strayed）是一名服務生，幾年前母親因癌症去世，讓史翠德生活跌落谷底。隨著她的生活逐漸失控，史翠德決定踏上太平洋屋脊步道的徒步旅行，這條荒野步道由墨西哥一路延伸到加拿大。

在徒步旅行的過程中，她遇見各式各樣的痛苦和恐懼。夜幕低垂時，史翠德的想像力開始作祟，無論是聽見的聲音或瞥見的影子，都會讓她心跳加速。她不停在路上搜索響尾蛇、山獅和連環殺手的蹤影。直到有一天，她意識到如果她讓恐懼感將她淹沒，這趟旅程注定要以失敗收場。

所以她開始與自己對話，她問自己：「是誰主宰你的人生？是恐懼嗎？痛苦？焦慮？還是勇敢？」

她選擇了勇敢。在旅程的前八天，史翠德沒有遇到任何一個人，但她開始將她的孤獨感具象化。「孤獨對我來說一直像是個真實存在的地方，孤獨彷彿不是一種生存狀態，而是一個幽靜的房間，在那裡我能真正地做自己。」她在自傳《那時候，我只剩下勇敢》（*Wild*）裡這麼寫道，「在太平洋屋脊步道的全然孤獨感帶來這種改變。」

史翠德花了九十四天時間走完一千六百三十八英里的路程（約兩千六百三十八公里），而且過程中往往是獨自一人。在她二十七歲生日的前兩天，史翠德抵達目的地。「恐懼在很大程度上源自於我們告訴自己的故事，所以我決定告訴自己一個不同於女性經常聽到的故事。」她寫道，「我決定告訴自己我是安全的，我很強壯，我很勇敢。沒有任何事能夠擊倒我。」

發展另一個自我

如果你和大衛．戈金斯相處過一段時間，或觀察過他的談話，你會時不時注意到一些不尋常的事情。

他有時候會以第三人稱來稱呼自己。

這並非偶然，也不是傲慢的表現，相反地，這是一種刻意的策略，目的是創造不同的身分，讓他遠離過去的霸凌、恐懼和虐待。

「我必須創造新的『戈金斯』，」他解釋道，「因為過去的大衛・戈金斯是個脆弱的孩子。我想以自己為榮。」

戈金斯喜歡說他的心理韌性是靠後天養成，而非天生如此。

創造另一個自我是「自我抽離」的終極形式，這是一種心理工具，能幫助人們更客觀地判斷情勢，並從一定的距離來看待問題。

恐懼源自於我們對自己訴說的故事，所以我決定告訴自己一個不同的故事。

——雪兒・史翠德

沉浸在自己的感受之中可能會導致不健康的反芻思考（rumination）*，因此與自我保持一點距離，可以幫助我們更好地控制情緒。人們可以透過**以第三人稱稱呼自己（illeism）**來創造暫時的第二自我。

一般來說，以第三人稱來稱呼自己並不受歡迎，會讓自己聽起來很高傲，但這個方法可以成為降低焦慮和建立自信的強大工具。「研究顯示，人們以第三人稱談論過去的創傷事件時，往往會以更同情的眼光看待自己。」心理治療師金．施奈德曼（Kim Schneiderman）表示。

自我抽離也是一種有用的策略，能幫助我們更好地管控自己的情緒。「當你創造出另一個自我時，我們會覺得自己是有選擇的，我們並非在那一刻認同那個自我，但我們可以選擇成為自己想成為的人。」運動心理教練勞倫．強生說。「當我們稍微拉開距離，我們就給了自己選擇的能力。」

維持距離有助於舒緩焦慮和恐懼，讓我們在重要時刻激發自信心。而且很酷的是，起初你的核心自我和第二自我可能看似兩個不同的個體，但最終兩者將合而為一。

因此隨著時間過去，大衛．戈金斯開始展現出他第二自我的「戈金斯」。「我開始尋求痛苦，享受折磨的感覺，最後把自己從地球上最軟弱的廢渣，變成上帝創造出最堅強的人，至少我是這麼告訴自己的。」戈金斯說。

但別搞錯了，運動員不是唯一能駕馭痛苦的大師。安東尼・雷・辛頓（Anthony Ray Hinton）就是一個例子。辛頓與戈金斯、布恩和道華特不同的是，他沒有主動尋求痛苦。由於漏洞百出的司法制度，痛苦降臨在他身上。

一九八五年，辛頓在阿拉巴馬州被逮捕，並遭到檢方錯誤的起訴，指控他犯下兩起謀殺罪。辛頓知道這一定是認錯人了，並天真地以為真相會證明他的清白，讓他重獲自由。

然而，這位來自南方的貧窮黑人辛頓卻被判處電椅死刑。在長達三十年的死刑犯生涯當中，辛頓一直堅稱自己清白，是阿拉巴馬州史上服刑期間最長的死刑犯之一。

在長達三十年的時間裡，辛頓每天都承受著心理、精神和身體上的壓迫。他眼睜睜看著五十四位死刑犯從他的牢房前經過，並遭到處決，另外二十二人選擇自盡。「我的牢房離刑場只有三十英尺遠，我甚至可以聞到人肉燒焦的味道。」他在自傳《太陽依舊

* 指不斷回憶過去已發生的事，糾結在負面情緒當中，反覆思索可能的原因與後果。

升起》（*The Sun Does Shine*）中寫道。

辛頓利用心靈的力量，擺脫一天二十四小時孤身一人的殘酷事實。在單獨囚禁期間，許多人都出現精神崩潰、自暴自棄甚至自殺的行為。幾十年來，辛頓究竟如何讓自己維持理智？

他做了一件徹底改變情勢的事。辛頓在沒有離開單獨囚禁室的狀況下，逃出了牢房。他是怎麼辦到的？他把自己的痛苦化為一場白日夢，在夢裡，他能扮演另一個自我，藉此遠離「終身監禁」的標籤。

被關在牢房時，辛頓可以為自己創造不同的身分：他在腦海中想像自己是世界的旅人、荷莉・貝瑞（Halle Berry）的丈夫、英國女王的座上賓，甚至是溫布頓網球錦標賽的贏家。「我從來不用我的大腦來製造垃圾，」他說，「而是善用它度過孤獨的歲月。」

關鍵在於，你不會永遠被現在的身分給束縛住，你可以改變它，進而更接近你想成為的那個人。就像作家詹姆斯・克利爾（James Clear）所寫的：「你當下的行為只是你當前身分的反映。無論有意或無意，你現在的所作所為都反映出你心目中的那個自己。」

戈金斯從受害者搖身一變成為世界上最堅強的運動員。他**變成**他的另一個自我。但他是如何辦到的？

「首先，你必須面對真實的自己。真實的我是大衛．戈金斯，我說話會結巴，我有閱讀和書寫障礙，而且我又胖又沒安全感。你必須在黑暗的房間裡面對這一切問題，」戈金斯說。「在那個黑暗的房間裡，你就是你，但你必須在此創造另一個人。在黑暗的房間裡，你面對自己，你意識到你不想再做一個沒有安全感又軟弱的人，而且這個人背負著我們每個人都有的問題。」

這些空間——戈金斯的黑暗房間、道華特的痛苦洞穴以及辛頓的單獨囚禁室——都是發生蛻變的所在。你進入這些空間，經歷難以想像的痛苦與折磨，然後帶著全新的自我離開。

如果你不打破現狀，你就無法蛻變。就像戈金斯所說的：「人生永遠是最困難的耐力賽，當你努力接受訓練，讓自己感到不適，並長出心靈的繭，你就能成為一個更全能的參賽者，無論如何都能找到前進的方向。」

成功人士如何養成心理韌性

碧昂絲

剛出道時，碧昂絲（Beyoncé Knowles）既害羞又內向，跟人們在舞台上看到的魅力巨星相去甚遠。她創造了第二自我，名為「無懼的莎夏」（Sasha Fierce），讓她在表演時能展現出連自己都沒有的自信。

「我和莎夏在現實生活中完全不一樣，」碧昂絲在二〇〇六年時說道，「我不像她那麼嫵媚、充滿自信又無所畏懼。」你可以想像，如今碧昂絲不再需要另一個角色來幫助她完成表演。她開始自信地做自己。「無懼的莎夏已經消失了，我殺了她，」碧昂絲在二〇一〇年告訴《誘惑》（*Allure*）雜誌。「我不再需要無懼的莎夏了，因為我已經成長，現在我能將兩者合而為一。」

柯比・布萊恩

柯比・布萊恩以「黑曼巴」（Black Mamba）這個第二自我聞名，這個方式幫助他度過職業生涯的低谷。這個綽號的靈感來自電影《追殺比爾》，在劇中，這種以敏捷度和侵略性著稱的蛇被用作致命殺手的代號。「黑曼巴的長度、特點、殺傷力、攻擊性和各項特質，」他說：「這就是我！」

當球迷在比賽時高喊「柯比爛透了」，布萊恩會使用第二自我讓他在情感上與真實的自我保持距離。「我可以切換到另一個自我，」他說，「當我切換成黑曼巴時，我就知道自己要一展身手了。」

法蘭克・艾巴內爾

法蘭克・艾巴內爾（Frank Abagnale）曾擔任飛行員、醫生、美國聯邦監獄局幹員、社會系助教和律師，而這一切都發生在他二十一歲之前。他是怎麼辦到的？他穿上制服，假冒身分，並贏得高層的信任。

人們常說艾巴內爾是有史以來最偉大的騙徒。

「一個人的另一個自我只不過是他最喜歡的自我形象，」艾巴內爾在自傳《神鬼交鋒》裡寫道，「我在溫莎飯店房間的鏡子裡看到了我最喜歡的自我形象：一位皮膚黝黑的英俊青年，身穿機師制服，皮膚光滑細緻，肩膀寬闊有力，儀態完美無瑕。」

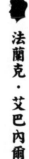

每個人都能發展不同版本的自己，而艾巴內爾則是透過變裝遊戲來做到這一點。你的衣著和舉止象徵你的地位、財富，甚至是肉體上的吸引力。「我很早就知道，擁有優雅品味能得到所有人仰慕，」艾巴內爾說，「只要你擁有一點品味，幾乎所有的過錯、惡行或罪行都會得到更多寬恕。」

但詐欺犯扮演不同角色是為了**欺騙**他人，而自信的人扮演不同角色則是為了**成就**自己。

韌性是人類成長的必要條件，但如果沒有與他人建立緊密的關係，你也無法持續茁壯。我們將在下一章討論這點。

心理韌性小秘訣

- 你比自己想像的還要堅強。當你的大腦告訴你，你玩完了、你筋疲力竭、你無法更進一步，實際上你可能只花了四成力氣。

- 自我批評可能帶來自我毀滅。你應該尋求自我問責：誠實面對自己並著重在實際的解決辦法。
- 定期製造艱難的情境，對自己進行壓力測試。
- 別忘了，你不必將自己視為受害者。
- 試著與痛苦為友，它會告訴你需要專注在什麼事情上。透過將痛苦具象化，你就可以和它區隔開來。痛苦能讓你學習。
- 避免傾聽自我，開始與自我對話。
- 自我抽離，例如使用第二自我，可以幫助你更客觀地看待自己的處境。
- 能夠坦然面對自己的處境而不致崩潰的人，將迎來人生的蛻變。

> 一個人的另一個自我只不過是他最喜歡的自我形象。
>
> ——法蘭克・艾巴內爾

第三章

解開健康人際關係的祕密

我和丈夫於二〇二〇年七月結婚，當時正值新冠疫情高峰，到場的只有牧師和攝影師。

唸完婚禮誓詞後，我想起大家告訴我的那句話：「結婚之後，你的人生將徹底改變。」但如果說結婚三年讓我學會了一件事，那就是「婚姻將改變一切」的說法只不過是個迷思。

當然，你們現在受到了法律規範，但你們的伴侶關係基本上仍維持不變。你們解決衝突的策略一樣、溝通模式一樣，整體人生觀也一樣。

然而，為了維持良好的伴侶關係，這些事情都必須持續進化。新冠疫情告訴我們，各種人際關係都可能有惡化的一天。婚姻關係與職場上的衝突不斷增加，不可預測的經濟起伏加劇了人們的壓力。因此，在這個高度緊密的現代社會，我們正經歷更大的不確定性、嚴重的自我懷疑以及人際關係的焦慮，這是很自然的事。

人際關係幾乎在我們生活中每個層面都扮演關鍵的角色，無論是與配偶、孩子、父母、老師、老闆、顧客或生意夥伴，我們都身處在人際關係的複雜網絡之中。正如著名的婚姻治療師埃絲特·沛瑞爾（Esther Perel）常說的：「人際關係的品質決定了我們的生活品質。」

你會在本章中發現，應對人際關係有「大師級」與「災難級」之分。讓我們來看看大師們運用哪些祕密的思考模式來培養健康、美滿的人際關係。

信任的複利

說說看在你的人際關係中，你曾相信過哪一位總是反覆無常的人？你說不出任何一個名字，因為無論是工作、事業或家庭，我們都無法依賴一再違背諾言的人。

信任是所有人際關係的基礎，建立在長期的一致性、承諾與溝通之上，而且我們比以往任何時候都更需要它。埃絲特・沛瑞爾是一位心理治療師，她致力於協助伴侶解決所有親密關係與人際互動的複雜問題。

每天，世界各地的伴侶都在設法解決人際關係問題，像是不忠、工作壓力和財務壓力。那麼我們該如何減輕這些不愉快的感覺呢？我們會尋求安慰、聯繫，以及最重要的：信任。「自從人類被逐出伊甸園，我們就開始不斷尋求信任，渴望穩固的關係，並希望今天結束之後，新的明天終將到來。」沛瑞爾說。

但如果我告訴你，其實有一個贏得信任的公式呢？

首先，讓我們探討一下信任破滅的情況。在我們的社會中，出軌往往代表在一段關係當中信任被徹底破壞，而且缺乏互相尊重。但人們往往沒有意識到，其實他們還會做很多破壞伴侶關係的事情。

「人們背叛對方的方式有百百種：漠不關心、情感忽視、蔑視彼此、缺乏尊重、長期拒絕親密關係，」沛瑞爾說，「背叛還不足以形容人們讓彼此失望的方式。」

人們常說：「建立信任需要很多年，打破信任只花幾秒鐘。」但其實多數人際關係破裂並不是因為一次嚴重的爭吵。人際關係之所以分崩離析是因為長期以來，伴侶雙方一點一滴的侵蝕彼此互信的基礎。

重點是，信任會影響一個人與家庭和同事的關係。如果你正在與新的伴侶交往，你必須弄清楚你是否能指望與他建立一段健康的關係。如果你是投資人，在投資一間公司之前，你必須評估創辦人是否值得信任。在這兩種情況下，你都需要維持長期的良好關係，但你要如何在資訊有限的情況下建立信任呢？

創業家兼投資人納瓦爾．拉維肯（Naval Ravikant）認為：「生活中所有的回報，無論是財富、人際關係或知識，都源自於複利。」

當資產的收益（例如利息）隨時間產生額外的收益時，就會出現複利成長。拉維肯解釋說，長期的投入不僅有助於累積複利，更能在「善意、愛、人際關係或金錢上」有效累積信任。在一段關係當中你投入愈多，就能獲得愈多的「信任」利息。

漫長的遊戲往往看似枯燥乏味，但你參與得愈久，所產生的影響就愈深遠。這是一把雙面刃——重複負面行為，你會得到更多負面的結果；重複正面行為，你會得到更多正面的結果。兩者都有產生複利的力量。

行動愈一致，累積複利的速度就愈快。換句話說，信任的兩項關鍵元素是時間和一致性。領英（LinkedIn）創辦人雷德．霍夫曼（Reid Hoffman）表示，贏得信任的公式如下：

信任＝一致性＋時間

簡單來說就像這樣：如果你長期言行一致，必然能建立信任感。隨著時間過去，伴侶之間的善意會以更快的速度持續累積。

結果是什麼？互相信任。

互相信任能讓你在做決定、達成協議並享受人際關係時，毋需不斷質疑對方的動機。「如果我和一位合作二十年的人做交易，而且互相信任，我們就不必逐一審視法律合約，」拉維肯說，「我們甚至不需要制定法律合約，也許只要握個手就搞定了。」

說到合約，複利是傳奇投資人華倫・巴菲特（Warren Buffett）與查理・蒙格（Charlie Munger）所推廣的概念。蒙格認為，一個文明所能達到的最高境界就是滴水不漏的信任網絡，沒有太多控制、嚴格的規範或疑神疑鬼。

「沒有太多步驟，」蒙格說，「只靠人們互相信任彼此。這就是梅約診所（Mayo Clinic）＊手術室的工作模式。」

蒙格說，在你的一生中，你想要的是在可靠的人群裡打造一張信任的網絡。「因此，」蒙格說，「如果你的婚前協議書足足有四十七頁那麼長，我建議這個婚就別結了。」

成功人士如何打造人際關係

托比・盧克

電商平台 Shopify 創辦人托比・盧克（Tobi Lütke）說，用二分法的角度來看待信任是沒有幫助的，信任並不是相信或不相信這麼簡單。他用「信任電池」這個比喻來解釋信任的概念。

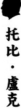

你和某人建立私人或職場關係時，你的信任電池約有五〇％的電量，而你和對方的每次互動都會提升或減少電量。「就像你的手機一樣，如果你的電池快沒電了，你就會一心想著電池的問題，」盧克說，「人與人之間的互動也是如此。面對信任度低的人，你會一直想著他們，但對於值得信任的人，你就不必太擔心他們。」

努力讓自己的信任電池維持在八〇％以上的電量吧！

約翰·高特曼

心理學家約翰·高特曼（John Gottman）認為，「滑動門時刻」（sliding door moments）能夠建立、維持或破壞我們人際關係中的信任基礎。「滑動門」一詞源自於葛妮絲·派特洛（Gwyneth Paltrow）主演的電影《雙面情人》（*Sliding Doors*），劇情描述滑動門一開一合，分開兩個不同時空，女主角在兩個時空（趕上列車或錯過列車）所遭遇的不同

* 美國明尼蘇達州一所醫療機構，經常在各大權威報導中被列為世界排名第一的醫療院所。

命運。

我們每天都會經歷這些看似微不足道的時刻。當你伸手握住伴侶的手時，他會有什麼反應？或者他看到你很不開心時，他會怎麼做？他會忽視你然後轉身而去，還是靠向你並以同理心來回應你？「每個時刻單獨來看似乎並不重要，」高特曼說，「但如果你總是選擇別過頭去，你和伴侶之間的信任就會慢慢地消失。」

化解衝突

埃絲特．沛瑞爾有個關於婚姻衝突的祕密：形式往往比內容重要。換句話說，無論我們在爭論些什麼，我們通常會遵循一個既定的公式。

「如果你們以特定的方式爭吵，無論你們談的是金錢、性、你們的父母或早餐吃什麼，這些都不重要，每次對話都會一樣，」沛瑞爾說，「其中一人開始愈講愈大聲；另一人翻了白眼。一個人升高衝突；另一人卻選擇離開。這是一場由脆弱循環所組成的雙人舞蹈。」

沛瑞爾經常引用婚姻研究學者霍華德．馬克曼（Howard Markman）的研究，他發現人們往往只會認真傾聽約十秒鐘，然後就會開始忽略對方，並在心裡反駁對方。

她說，我們**聽到**了，但我們沒有認真**聽進心裡**。

克里斯．佛斯（Chris Voss）是深諳傾聽技巧的人質談判專家。身為美國聯邦調查局的首席國際綁架談判專家，他花了二十四年的職業生涯來鑽研傾聽的藝術。事實上，人們的性命就取決於此。

如果你的婚前協議書足足有四十七頁那麼長，我建議這個婚就別結了。

——查理．蒙格

一九九三年，兩位男子在紐約布魯克林挾持了三位大通曼哈頓銀行員工。佛斯是電話上的第二位談判專家。

佛斯與銀行搶匪展開談判時，他先表明自己的身分，隨即在談話中運用了幾種談判技巧。

首先，佛斯控制了自己的語調，因為他相信這是談判中最重要的工具。他運用一種他稱之為**「深夜電台ＤＪ」**的聲音技巧，也就是一種陳述性、撫慰人心又低沉的嗓音，幾乎適用於所有情境。

這種方法之所以有效，是因為這種聲音能刺激對方大腦中的鏡像神經元，引發神經化學反應，讓對方冷靜下來。因此，這個聲音會讓雙方不由自主地變得理智。「真正的好奇心是控制情緒的好辦法，」佛斯說，「如果你用一種平穩又沉著的語氣大聲說話，你其實可以讓自己冷靜下來。」

接下來，佛斯開始「鏡像模仿」（mirroring）搶匪的行為，把對方所說的話當作問題再重複一次。銀行搶匪說：「你們把我的司機趕走了。」佛斯就會回答：「我們把你的司機趕走了？」**鏡像模仿**是種有效的技巧，可以用來建立好感並蒐集資訊。你可以重複某人在上次交談時用到的幾個關鍵詞來「模仿」他。例如，當對方說：「因為我壓力很大，今天過得不太好。」你可以回答：「你的壓力？」這是一項有用的技巧，因為這可以幫助你在情緒上保持理智，同時讓對方繼續說下去。

最後，他開始**「貼標籤」**（labeling）。他告訴第二位銀行搶匪：「這不是你的錯，不是嗎？」還有，「你其實很後悔發生這樣的事，對嗎？」這兩個問題都在暗示他被捲入了糟糕的局面。貼標籤是用口頭的方式來點出對方的情緒。好的貼標籤技巧就是用以下的方式來回應對方：「現在好像……」、「現在看起來……」、「你好像……」，例如「你好像很焦慮。」

在一次對話中同時使用「鏡像模仿」和「貼標籤」技巧，可以化解負面情緒，確保對方感覺到自己被傾聽，讓你更容易理解對方的感受。

掌握這三項技巧，可以幫助你提升人際關係當中最重要的技能之一：情緒智能（emotional intelligence）。佛斯之所以能夠讓銀行搶匪投降並釋放人質，是因為他做了我們多數人在高壓狀態下不會做的事，那就是**傾聽**。

這些談判工具可以運用在生活每個情境當中。如果你能掌握傾聽的藝術，你就能成功化解你和同事、配偶甚至青少年女兒之間的衝突。

成功人士如何打造人際關係

莎拉・布蕾克莉

多數夫妻會因為一些微不足道的小事吵架，像是洗碗、如何開車或停車、誰該倒垃圾等。在良好的伴侶關係中，雙方會積極緩解衝突，比如說在緊張或困難的時刻適時發揮幽默感。幽默感可以降低爭執的緊張程度，消除你和伴侶之間的隔閡，並提醒自己你擁有人類特有的幽默感。

內衣品牌Spanx創辦人兼執行長莎拉・布蕾克莉（Sara Blakely）與企業家傑西・伊茨勒（Jesse Itzler）結婚已有十五年。她說，生活有時或許沉重，有個人能讓你緩解心情或開懷大笑是很重要的事。一旦她和伊茨勒發生激烈的爭執，伊茨勒就會伸出手，接著兩人開始翩翩起舞。「這真的很有幫助，」布蕾克莉說，「我們尊重彼此快速的步調。這可能會困擾某些人，但我們能夠理解。」

丹尼・梅爾

知名餐飲大亨丹尼・梅爾曾說過：「每天都要犯新的錯，別浪費時間重複舊的錯誤。」在這個注重一致性和完美主義的產業，他是如何鼓勵他的團隊擺脫對失敗的恐懼，勇於嘗試和冒險呢？

梅爾有個方法叫做「犯錯的五個準則」。他解釋，「首先，要意識到自己犯了錯。第二，承認錯誤。第三，為此道歉。第四，採取行動並彌補錯誤。第五，對自己多點寬容。」

每天都要犯新的錯，別浪費時間重複舊的錯誤。

——丹尼・梅爾

磨練你的人際關係技巧

我和我丈夫在二〇二〇年七月結婚，當時正值新冠疫情全球大流行、熱帶風暴以及全國性的社會動盪。

剛結婚不到一天，我就意識到自己還有很多事要學，而且生活常常讓我措手不及。因此，很自然地，我請《人物誌》電子報的讀者分享他們最棒的婚姻建議。從他們的回答中，我學會了一件重要的事情：生活中多數事情都是可以學習的。（沒錯，即使是神聖、模糊不清又無形的「愛」。）

超過一百位伴侶分享他們的真知灼見，像是「定期檢視人際關係」、「克制自己別糾結於小事」，還有「全心投入彼此的夢想」。

而且我在與結婚五年、十五年甚至三十年的伴侶聊天時，我注意到他們從不認為自己已經完全了解如何成為更好的伴侶。換句話說，他們明白，伴侶關係總能不斷進步，永遠都有改善的空間。

這種思維的美妙之處在於，你讀完這一章之後就能立刻採取行動。你或許不是完美的伴侶，但你可以不斷進步。你或許偶爾會犯錯，但是你可以持續練習，直到你做對為止。

心理學家約翰．高特曼花了超過四十年時間研究離婚預測和婚姻穩定性。幾十年來，他運用應用數學創造所謂「愛的方程式」，以研究各式各樣的人際關係。

高特曼最著名的研究是在華盛頓大學設立「愛情實驗室」，這是一個類似公寓的實驗室。他錄下數千位新婚夫妻的影像，深入剖析他們之間的互動方式，進而得出確切、可量化的數據。

根據蒐集到的數據，高特曼將這些伴侶分為兩大類：**「大師級」**和**「災難級」**。他發現，「大師級」的伴侶在結婚六年後仍然過著幸福快樂的生活；但「災難級」的伴侶不是分手，就是長期處在不幸福的婚姻關係中。

高特曼開發各種模型、量表和公式，以更精準地預測伴侶間婚姻的穩定度和離婚率。他的研究著重在婚姻衝突的過程，也就是夫妻間吵架、和好的方式，而比較少關注衝突內容。

根據高特曼過去數十年來的研究和經驗，他能夠預測伴侶（無論是異性戀或同性戀、富有或貧窮、有沒有孩子）究竟會分手，還是能從此過著幸福快樂的日子，而且準確率高達九四％。一九九六年，他與妻子兼事業夥伴茱莉創立高特曼學院（The Gottman Institute）。

高特曼夫婦致力於協助伴侶應對在他們關係中必然會出現的障礙。「如果你不採取行動來改善你的婚姻，即使你不犯任何錯，但隨著時間過去，婚姻仍然會趨於惡化，」高特曼在《成敗論婚姻：如何讓婚姻持久》（*Why Marriages Succeed or Fail: And How to Make Yours Last*）中寫道。「為了維持平衡的感情生活，你必須付出努力，平時多替你的伴侶著想，想想如何精益求精，並付諸行動。」

高特曼提到的「付諸行動」，正是他的研究能如此有效的原因。讓我們介紹幾項種高特曼建議能讓各種伴侶關係延續下去的策略。

第一，確保你和伴侶的互動關係遵循**「五比一」**的比例原則。

就生活中任何人際關係而言，最有趣的事情是：決定關係健康或持久與否的正是那些平凡無奇的時刻。高特曼的一項具體發現是，幸福夫妻之間，正面與負面互動的比例是五比一。這些互動不必是多麼隆重的儀式，「一個微笑、一個點頭，甚至是咕噥一聲表示你在聽伴侶說話，這些都是正面的互動。」高特曼說。

這是因為這個神奇的比例能強化你們之間的關係。例如，即使你累了，你也可以提醒自己為伴侶做一些貼心或美好的小事。只要正面互動多於負面互動，你們的關係就處於安全地帶。

第二，高特曼說他可以根據伴侶之間如何回應彼此的**「請求」**，來區分「大師級」和「災難級」的關係。

他指的「請求」是指伴侶在一天當中不時對彼此發出的情感連結需求。假如你的伴侶是個車迷，他注意到路上有一輛雪佛蘭科爾維的古董車。他可能會叫你：「快看那輛車！」儘管這聽起來微不足道，但你的伴侶正在尋求你的回應，或者說他正在提出「情感連結的請求」。幸福的伴侶會認知到對方的請求並做出回應，哪怕只是短短的一瞬間。高特曼相信：「經常做一些小事，比偶爾做一件大事還重要。」

經常做一些小事，比偶爾做一件大事還重要。

——約翰．高特曼

最後，高特曼說，**修復關係的技巧**是建立長久關係的關鍵。但如果你們剛大吵了一架呢？這樣還來得及嗎？

別擔心，即使是幸福的伴侶，也會遇上大吵大鬧和拒絕溝通的醜陋場面，他們也會做許多關係不健康的伴侶會做的事，但到了某個時刻，他們會開始透過對話與彼此和好。

差別在於，健康的伴侶關係會運用有效的策略來迅速修復衝突所造成的裂痕，而不是任其惡化。高特曼將這種修復關係的嘗試描述為：「任何能夠阻止負面情緒演變到無法控制地步的聲明或行動——無論這個嘗試愚蠢與否」。這種嘗試可以是一個微笑，也可以是暫時停止爭執，或是請對方把問題解釋清楚。

換句話說，培養溝通、信任與衝突解決技巧是建立幸福伴侶關係的關鍵。正如一位《人物誌》的讀者告訴我的，愛不只是一種情感，更是一種技能。

「這項技能需要付出努力，需要定期磨練，」他說，「就像其他技藝一樣，我們必須重視為了保持這些技藝新鮮與活力所投入的時間。而且就像所有重要的技能一樣，我們必須加以活用。」

成功人士如何打造人際關係

休・傑克曼

知名演員休・傑克曼（Hugh Jackman）和妻子黛博拉—李・佛尼斯（Deborra-Lee Furnes）堪稱好萊塢的模範夫妻。

結婚前，他們對彼此許下簡單卻重要的承諾：「在人生的每個十字路口，永遠凝望彼此的眼睛。」

「這些人生十字路口有時很大，有時很小，有時甚至要回過頭看，才意識到你們剛經歷了人生的岔路。」休・傑克曼說。

當他們走到必須做出抉擇的人生岔路時，他們會問彼此一個問題：「這對我們的家庭是好是壞？」他們會盡可能選擇對家庭有利的事。

查理・蒙格

受到德國數學家卡爾・雅可比（Carl Gustav Jacob Jacobi）的啟發，

*《隱形天賦》最早由Harriman House於二〇二三年六月出版，出版時間是在休・傑克曼九月宣布離婚之前。

投資大師查理・蒙格疾呼：「反過來想，永遠要先反過來想。」我們多數人都只會從正面解決問題。但蒙格表示，逆向思考也能帶來好處。

這種思維模式的原理如下：把問題反過來，逆向思考。例如，與其問：「我可以採取什麼新的作為來確保我擁有成功的婚姻？」不如問：「哪些行為會毀了我的婚姻？」學會避免經常做出導致離婚的行為，或許比試著尋找成功伴侶關係的祕訣還更有幫助。

信任會以複利的方式持續累積，而我們最信任的人是誰？我們自己。但如果我們並不值得信任呢？如果我們不是可靠的敘事者呢？身為希望幫助並影響他人的專業人士和創意人才，這群世界上最成功的人如何讓自己在生活中說出更棒的故事呢？我們將在下一章一探究竟。

人際關係小祕訣

- 信任會累積，不信任感也是。
- 始終如一才是關鍵。最終你將獲得一張滴水不漏的信任網絡。如此一來，生活和事業都將變得簡單許多。
- 「傾聽」、「鏡像模仿」和「貼標籤」能幫助你化解最極端的衝突。
- 愛是一種可以掌握的技能，而伴侶關係永遠都有改善空間。
- 沒有衝突並不足以讓婚姻幸福或成功，隆重的儀式也無法定義婚姻的價值，關鍵在於那些平凡無奇的時刻。
- 努力將正面與負面互動的比例維持在五比一。

第四章

訴說更棒的故事

「偉大的故事都發生在會說故事的人身上。」

——《美國眾生相》（*This American Life*）製作人艾拉．格拉斯（Ira Glass）。

在經歷一場突如其來的失戀後，蘿蕊．葛利布（Lori Gottlieb）躺在治療師溫德爾的沙發上。

溫德爾耐心聽完故事後，告訴葛利布，她讓他想起一幅常見的漫畫：一個囚犯搖晃著鐵欄杆，拚命想要逃出去。但溫德爾補充說，鐵欄杆的左右兩側都是敞開的，葛利布要做的只是**繞過**那些鐵欄杆。

但葛利布為什麼做不到？

葛利布就像我們許多人一樣，成為囚禁自我的獄卒。葛利布認為，這一切都源自於一則故事，這些故事往往是我們告訴自己的故事、我們相信的故事、我們不願意修改的故事。

畢竟故事是葛利布的工作。身為諮商心理師和作家，她看見故事如何成為我們生活的核心。故事賦予我們更深刻的意義。身為作家，她想問的是：「主角渴望什麼？是什麼讓他想要卻得不到？」身為心理治療師，她也會問同樣的問題。

葛利布說：「無論是在診療室或是書桌前，我都會針對這些故事進行大幅度的編輯：哪些材料無關緊要？故事有持續推進嗎？還是主角在繞圈子？這些情節的轉折是否透露出故事的主題？」

身為人類，我們訴說著從童年創傷到對未來希望等各式各樣的故事。故事會決定什麼是美、誰是成功者，以及我們的問題為什麼重要。

你有沒有想過，你的生活中也有主角、配角、有趣的情節、障礙、情感以及衝突？我們的生活具備了扣人心弦故事裡所需的所有元素，但誰在訴說這個故事？他選擇強調哪些部分？

故事會因為敘述者的不同而改變，而且敘述者本身不一定可靠。

大受好評的音樂劇《漢彌爾頓》（*Hamilton*）在結尾時提到：「誰生？誰死？誰來講述你的故事？」觀眾離開劇院時，不禁思考：「誰來訴說**我的**故事？」

這是個你必須好好回答的重要問題，因為如果你不學會講述自己扣人心弦的人生故事，主控權就會落到別人手上。

掌控不可靠的敘事者

你或許在《列車上的女孩》、《蝴蝶夢》和《鬥陣俱樂部》等小說中體驗過「不可靠的敘事者」*這種文學手法。在愛倫坡（Edgar Allan Poe）《告密的心》的開場，敘事者甚至試圖讓讀者相信他神智正常。（千萬別相信試圖讓你相信他神智正常的敘事者。）

轉折點來了：我們都是自己生活中不可靠的敘事者。我們會不假思索地設定我們的故事，強化某些資訊，同時也淡化某些訊息。

大衛．卡爾（David Carr）在其痛苦的回憶錄《槍之夜》（*The Night of The Gun*）中提到，一個人的記憶是不可靠的。卡爾有很長的一段時間吸毒成癮，因此他展開調查，以揭開生活中各種事件的真相。他寫道：

「在艾賓豪斯的遺忘曲線中，R代表被記憶的內容，s代表記憶的相對強度，t則代表時間。記憶的強度可透過重複來得到強化，但被強化的是我們所訴說的版本，而非事件本身。」

「這些故事在訴說的過程中持續被形塑，每次回憶時都會經歷一次又一次的修改……人們記住的往往是他們可以接受的版本，而不是他們實際生活的版本。」

在追尋絕對真理的過程中，卡爾發現真相有很多種版本，一切取決於你問的對象。

好萊塢製作人羅伯・埃文斯（Robert Evans）曾寫道：「每個故事都有三個版本：你的版本、我的版本以及真正的版本」

身為說故事的人，我們扭曲、否認並美化某些情節，但我們卻對自己混亂的想法深信不疑。我們很少人會對自己講述的故事進行嚴格的事實查核與驗證。我們往往只聽主角一人的說法。

身為諮商心理師，葛利布說她會幫助病人「編輯」他們對自己訴說的故事。在許多情況下，單靠邏輯是不夠的。在葛利布的TED演講中，她解釋兩組事實是如何因為不同敘事者而被扭曲、強調或刻意淡化。「我們敘述生活的方式，形塑了生活的樣貌，」葛利布說，「這就是故事的危險之處，因為這些故事真的會把我們的生活弄得一團糟，但這就是故事的力量。」

葛利布在多年來與病人的談話中注意到，多數人的故事都圍繞在兩大主題：自由以及改變。思考前者會讓你感覺無助、陷入困境、被囚禁；後者則會讓你感受到深刻的不確定性。為了解放自己，你必須勇闖未知的領域。

* 指在文學、電影或戲劇等作品中，可信度受到質疑的敘事者。敘事者的不可靠性可能不會立刻顯現，而是會在故事中途揭露一些線索，並促使讀者或觀眾重新思考先前所接收的故事內容是否真實可靠。

試試看這個練習：拿出一張白紙，寫下讓你感到焦慮的情境。你一直告訴自己什麼？是誰讓你心煩意亂？問題出在哪？現在，拿出另一張紙，從你生活中不同角色的觀點來描述同樣的情況。

葛利布問：「如果你從另一個人的視角來觀察並寫下你的故事，會發生什麼事？從這個更寬廣的視角來看，你會看到什麼？」有時候，你一直對自己講述的那些與自己生活有關的故事，根本無法反映真實。

這項練習非常有效，因為你能藉此發覺漏洞、找出盲點。葛利布說，當我們面對不確定性時，我們會試著填補空白，讓我們感覺自己擁有更多主控權。「但不幸的是我們不會用正面的事情來填補空白，」葛利布說，「我們往往會用可怕的事情來填補這些空白。」

這些技巧能幫助我們對自己訴說更好、更真實的故事。當然，這也意味我們可以向他人講述更好的故事。提升說故事的能力不僅是為了避免自我破壞（self-sabotage）*，也是為了讓自己在職業生涯與個人層面都能成長茁壯。

優秀的說故事者能獲得成功，就像以下的例子。

成功人士如何訴說好故事

林-曼努爾．米蘭達

想想你每天上班在路上會遇到的人。那位在你公寓大樓櫃檯工作的人、你辦公室門口的警衛、你每天早上都會見到的工友。你知道他們的名字嗎？你會問他們問題嗎？或者你只是匆匆經過，忙得連他們在不在都不清楚？

當我們回顧自己的人生時，我們往往是其中的主角，其他人不過是配角而已。

劇作家林-曼努爾．米蘭達（Lin-Manuel Miranda）和他高中女友分手時，他將自己視為浪漫多情又傷心欲絕的男朋友。那麼女方的故事呢？「在她的故事裡，我不是那位焦慮、痛苦又飽受折磨的藝術家。我只不過是她**真正**愛情故事裡的障礙。」他說。

* 指我們在身體或情感上摧殘自己，或透過破壞個人目標與價值觀來故意阻礙自己成功。有些人會有意識或無意識採取這種行為，來逃避棘手的問題或不舒服的想法與感受。

多鍛鍊你的同理心，要明白有時候你是主角，有時候你只是某人故事中的配角。

艾爾・帕西諾

傳奇演員艾爾・帕西諾知道，角色就像人一樣有許多層次。他們有自己的動機，遵循誘因行事，往往也具備相互衝突的情感。這個發現讓他的表演呈現出其他演員所缺乏的細節。

因為沒有任何人能完全符合好人或壞人的定義，這讓帕西諾打破英雄總是「好人」的好萊塢陳規。例如，在電影《教父》中，帕西諾飾演一位殘暴的黑手黨老大，但他的冷酷無情是出自於愛、忠誠以及保護家人的欲望。

帕西諾的表演之所以令人信服，是因為他的演出非常自然。他不是裝出來的，他**徹底融入**角色。帕西諾在他飾演的角色身上找到了自己的影子，並踏進這些角色的內心世界。

帕西諾說，在塑造角色時，他會尋找能在**情感面**打動自己的東西。

這不僅僅只是掌握角色說什麼、為什麼這麼說，還必須了解當角色在說這些話時的感受。

聚焦衝突與意圖

該如何講述一個能捕捉時代精神的故事？這是一項艱巨的任務，但有個人卻能接二連三創作出這種作品。

人們記住的往往是他們可接受的版本，而不是他們實際生活的版本。

——大衛・卡爾

憑著電影《芝加哥七人案：驚世審判》、《社群網戰》以及《軍官與魔鬼》，艾倫·索金已晉升為大師級的編劇，能精準捕捉時代精神以及歷史道德與文化氛圍。

然而，身為「時代精神獎」（Zeitgeist Award）的獲獎人，索金有個壞消息要告訴大家。很遺憾，「時代精神」並不是你能隨意創作出來的東西。「這不是能夠寫出來的東西，」索金說，「唯一能寫出來的東西是意圖和障礙。」

在索金相當受歡迎的電影《社群網戰》中，描繪臉書（Facebook）的創立過程。在索金創作劇本時，臉書公司正面臨兩起訴訟，原告和被告最終對同一則故事講述了三**個**不同的版本。

索金不想只選擇一個版本的真相。「我喜歡有三個不同版本的真相，有時它們之間甚至相互衝突。我想把三個版本的故事都說出來。」

換句話說，索金巧妙運用我們先前提到的「不可靠的敘事者」手法，營造出混亂的狀態。事實證明，這種安排相當引人入勝。在許多不可靠的敘事者相互影響之下，出現三種不同版本的真相，這時會發生什麼事呢？

衝突。

說故事時，記住**衝突**是所有敘事的關鍵，這點很重要。索金是這麼定義衝突的：

「有人渴望某樣東西，但他在追尋的過程中卻面臨阻礙。他們想要什麼並不重要，可能是錢、某個女孩，或者想去費城。這些都無所謂。但他們必須非常渴望這樣東西。如果他們**需要**這樣東西，那就更好了。」

但關鍵在於：如果沒有意圖，衝突就毫無意義可言。

索金的隱形天賦在於，他從不告訴觀眾一個角色是什麼樣的人，而是直接呈現角色心中的渴望。這點非常重要，因為這呈現了角色的**意圖**。也就是說，這個角色行為的背後隱藏著什麼？動機又是什麼？

唯一能寫出來的東西是意圖和障礙。

——艾倫．索金

在《社群網戰》中，馬克．祖克伯（Mark Zuckerberg）捲入各式各樣的衝突，跟他起衝突的人包括女友、朋友愛德華多、聲稱發明臉書的溫克勒佛斯雙胞胎，當然還有哈佛大學這所強大的機構。

這就是衝突，緊接著就是意圖。在電影中，祖克伯為了證明自己的價值，不惜將一切付之一炬，無論是失去一段感情、一位朋友、一位共同創辦人、一位投資者，或是「最後俱樂部」（final club）華麗派對的邀請。最終，他的目的是獲取社會地位，他排除萬難，直到最後獲得成功為止。

「對我來說，重點從來不是臉書，」索金表示，「我不像其他人一樣對科技感興趣。我看到的是，在現代的背景下，有一個和說故事這件事一樣古老的故事：這個故事講述的是友誼、忠誠、權力、背叛、階級和嫉妒。」

只要你能引領觀眾踏上充滿衝突和意圖的旅程，你就有了值得一直講述和傳頌的動人故事。

以下是索金**針對說故事的簡單測試**：除非你能運用「但是」、「除了」或「然後」等詞彙，否則這就不算是個故事，因為這些詞彙代表出現障礙，讓故事有了衝突。換句話說，你必須問自己：**「這個角色想要什麼？是什麼阻礙了他？」**

那麼，你要如何運用索金以衝突為核心的敘事結構為自己帶來好處呢？

- 如果你是一個創業者，**正在向投資人推銷你的產品**，你可以講述一個故事，描述一位氣餒的使用者遇到了棘手的問題，而你的產品幫他解決問題。例如，Airbnb 最初的提案簡報就是鎖定對價格敏感的消費者，他們希望在旅遊時能節省開支，但他們找不到簡單的方法向當地居民預訂實惠的住宿。
- 如果你是**推銷員**，你必須說服客戶購買你的產品。啤酒公司企業家吉姆．庫克（Jim Koch）告訴你一個小祕訣：「如果你的產品更好或更便宜，那麼你的事業就有望成功。」

所以你可以為潛在客戶講述一則故事，將競爭對手的產品描述成品質欠佳或價格高昂。你的競爭對手製造問題，而你能提供解決方案。

- 如果你**正在經營一段感情關係**，你可以列出彼此之間所有障礙（例如距離），並提供如何維繫這段感情的辦法，因為你們的目的是排除萬難走下去。

關注衝突和意圖會讓你的故事說得更好，因為這會為戲劇帶來摩擦和張力。你不必告訴觀眾角色是什麼樣的人，你只需要告訴他們這些角色渴望什麼。

梅蘭妮・帕金斯

當你在網路上搜尋「奇怪的招募簡報」時，Canva共同創辦人兼執行長梅蘭妮・帕金斯（Melanie Perkins）的Canva招募簡報往往會出現在第一個搜尋結果。原因如下：帕金斯在籌組Canva的技術團隊時，她想挖角Google的資深工程師戴夫・赫恩登（Dave Hearnden），但戴夫不願離開這間科技巨頭。

當時他猶豫不決，於是帕金斯想出一個計畫，試圖說服戴夫放手一搏、加入Canva團隊。帕金斯寄給戴夫一份非常簡單的十六頁簡報，內容描述主角戴夫的故事。衝突點在哪？戴夫渴望冒險，卻因為對Google的忠誠而感到掙扎。結果，一家名為Canva的公司找上戴夫，向戴夫提出一項令人興奮的提議：「改變整個設計界」。

最終，戴夫就像簡報中的主角一樣，決定加入Canva團隊。

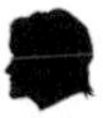

文斯・吉利根

說故事需要角色動機，而角色必須推動敘事發展。

編劇兼節目統籌，同時也是熱門電視影集《絕命毒師》的原創者文斯・吉利根（Vince Gilligan）總會問他的編劇團隊三個問題：一、角色現在想要什麼？二、他們害怕什麼？三、是什麼阻礙了他們實現目標？

在平凡中發現不凡

讀大學時，我的新聞學教授出了一項夢幻作業：自由選擇一個人來寫人物專訪。雖然我很高興能採訪我的同學，但我沒有意識到這是項艱巨的任務。我採訪的對象很害羞，不會輕易分享充滿驚奇與糾葛的人生故事。這讓我感到困惑，我原本認為這項工作會很容易。

採訪結束後，我到教授辦公室，告訴他我必須更換採訪對象，因為我竟然選到「世界上最無趣的人」。

但教授拒絕了。

他認為我沒有做好採訪工作。他告訴我：「沒有人骨子裡是無趣的人。他們之所以無趣，是因為你沒有問對問題。」

這句話後來貫穿我的記者與作家生涯。當我遇到瓶頸時，我總是提醒自己，採訪對象沒有責任要取悅我。身為說故事的人，我必須在平凡中發現不凡。

當我採訪人氣部落格「紐約人」（*Humans of New York*）的攝影師布蘭登．斯坦頓（Brandon Stanton）時，我充分認識到這一點。

斯坦頓花了十幾年記錄平凡人的精彩故事。他捕捉這些拍攝對象不同的生命時刻，像是他們生活中最脆弱或最豁達的時刻。「紐約人」以陌生人的肖像照為主題，讓他們分享關於力量、成癮、救贖、遺憾與愛的親密故事。

「一開始我只是拍攝街上的人，然後我開始採訪他們，接著，我從這些人身上得知他們的人生故事，」斯坦頓告訴我，「我意識到，平凡人的故事不僅能吸引大家的目光，甚至比公眾人物或名人的故事更扣人心弦、更能引發共鳴。」

傳統媒體往往以非黑即白的方式來渲染世界各地發生的暴力事件，而偉大的說故事者卻能從平凡之中找到各種細節和美麗之處。

一九七八年，十九歲的艾拉・格拉斯在美國全國公共廣播電台擔任實習生，從此展開了他在公共廣播電台的職涯。他在電台做過各式各樣工作，像是剪接師、前台助理、新聞節目撰稿人、編輯、製片、記者和代班主持人。

在加入全國公共廣播電台十七年後，格拉斯提出一個節目構想：一個一週一次的節目，以單一主題為特色，分成幾「幕」來進行探討。這就是後來的《美國眾生相》（*This American Life*）節目。這是一個新聞節目，但採用小說的手法來塑造角色、場景與情節。

二十八年過去，這個格拉斯在一九九五年開創的長篇非虛構電台節目，啟發無數播

> 沒有人骨子裡是無趣的人。他們之所以無趣，是因為你沒有問對問題。
>
> ——我的新聞學教授

客頻道（podcast）以及播客。

無庸置疑，《美國眾生相》已成為重要的文化印記，藉由平凡人的聲音訴說從種族政治、移民到大學生活等各種主題。格拉斯表示，這些故事「讓人可以想像，如果這件事發生在你身上，你可能會有什麼感覺」。

格拉斯發現了一種引人入勝的說故事方式，就算是看起來最「無聊」的主題，也能變得有趣。

《美國眾生相》的故事採用新聞敘事結構，其中包含兩個基本元素：一、**推動故事的劇情**；二、**眾多觀點**。

格拉斯說，推動故事的劇情是由一件軼事和一連串行動所驅動（X導致Y，Y導致Z），這會創造出推動力和懸疑感。接著，他在懸疑之中加入感情和想法，幫助聽眾與故事建立情感連結。

接著，每一集的設計都會帶領聽眾進入一個「特別時刻」，或是反思的時刻，以協助聽眾深入理解或同理角色的處境。

例如，《美國眾生相》製作了一集以共和黨參議員傑夫．佛雷克（Jeff Flake）為主角的節目。一位不贊同佛雷克政治主張的女性聽眾告訴格拉斯，她在收聽節目時一直在想：「不！別讓我**喜歡**他！」她說：「我不想這樣，但你讓他變得有人性了！」

這正是讓平凡故事變得不凡的原因。格拉斯說，重點在於記錄一個人——他的想法、怪癖和缺點，讓聽眾自己形成對這個人的看法。

無論是哪種媒介，魔鬼都藏在平凡的細節裡。我最喜歡「無聊才能讓你變得有趣」這個例子，這也是人物採訪的重要核心。

一九六六年，蓋伊・塔雷斯（Gay Talese）在《君子雜誌》上發表了一則人物專訪〈法蘭克・辛納屈感冒了〉（*Frank Sinatra Has a Cold*）。儘管塔雷斯從來沒有與辛納屈本人交談過，但這篇報導卻成為人物專訪寫作的標竿，是有史以來最著名的雜誌報導之一，也經常被視為史上最偉大的人物專訪。這篇代表性的專題報導開創了「新新聞」（new journalism）＊的先河，融合事實報導與鮮活的敘事方式，而在此之前，這種文學筆法只會出現在小說裡。

塔雷斯前往洛杉磯，希望能採訪到辛納屈，但這位傳奇歌手卻因身體不適而婉拒採訪。因此，塔雷斯訪問了超過百位辛納屈社交圈友人，從遠處觀察這位傳奇歌手。報導

＊ 一種新聞報導形式，最大特點就是將文學寫作手法應用於新聞報導，發展高峰期為一九六〇年代。

中捕捉了各式各樣平凡無奇的時刻，描繪出辛納屈在全盛時期迷人而細緻的形象。

例如：

「感冒的辛納屈就像少了顏料的畢卡索，或少了燃料的法拉利——只有更糟而已。普通的小感冒奪走辛納屈那無法投保的至寶——他的聲音，侵蝕了他的自信來源，不僅影響他的心理狀態，似乎更導致某種精神上的流鼻涕症狀，進而傳染給數十位替他工作、與他共飲、愛他且依靠他獲得幸福與保障的人。感冒的辛納屈為娛樂圈帶來微小震盪，就像突然生病的美國總統會撼動國家經濟一樣。」

這是一則精彩的故事，你會立刻被吸引，無法停止閱讀。但令我印象深刻的是：辛納屈的報導並不是塔雷斯最鍾愛的作品。

相反地，塔雷斯提到自己為《君子雜誌》撰寫的第一篇人物專訪，標題為〈壞消息先生〉（*Mr. Bad News*）。這篇專訪描寫一位默默無聞的訃聞作家，在塔雷斯用五千字的篇幅介紹他之前，沒人聽過他。

塔雷斯認為要成為成功作家的一項黃金法則在於培養自己的好奇心。他深信「所有平凡人」的故事都具有價值，早年他在《紐約時報》工作時，就致力於撰寫這些故事。

「我會漫步在城市的大街小巷，看那些在餵鴿子的人，」塔雷斯說，「我開始描寫門房、公車司機和所有融入在城市之中的人，我想知道他們的生活是什麼模樣。」

塔雷斯說，人不一定要有多大的名氣或成就才稱得上是重要人物，因為「每個人都有自己的故事」。如果你願意花時間觀察、提問並傾聽，你會發現最不凡的故事，就隱藏在那些最平凡的人身上。

「如果你是個默默無聞的人，或是你在生活中對人們充滿好奇，這會讓我在內心深處產生強烈的衝擊和共鳴。」塔雷斯說。

歸根究柢，我們都是平凡人，但我們都有能力訴說不平凡的故事，我們需要的只不過是懷有對人們的好奇心。如此，你就能在他們身上找到最精彩、最有趣的細節。

斯坦頓在遇到陌生人時會問這三**個問題**：一、你人生中最大的痛苦是什麼？二、你的人生和你預期的有什麼不同？三、你最愧疚的是什麼？

但並不是要用這些問題誘發出受訪者脆弱的一面，而是要你藉由這些問題在那個當下心無旁騖，真心感到好奇。這也是我的大學教授想讓我學會的：提出好問題，你就會得到好故事。

別忘了艾拉．格拉斯在本章開頭所說的話：「偉大的故事都發生在會說故事的人身上。」

成功人士如何訴說好故事

弗雷德・羅傑斯

隆重的儀式、華麗的晚宴、各式各樣的獎項及榮譽——《羅傑斯先生的鄰居》節目主持人弗雷德・羅傑斯（Fred Rogers）說這些東西都不能「滋養靈魂」。

一位高中生曾問羅傑斯：「美國歷史上最偉大的事件是什麼？」羅傑斯說不上來，因為答案可能是一些看似簡單又無聲無息的小事，例如某人原諒別人對他深深的傷害，最終改變了歷史進程。

「真正『偉大』的事物從來不是在人生舞台的中心，它們總是站在一旁，」他說，「這就是為什麼我們必須保持謙遜、留心事物深刻的意義，而不是追求華而不實和膚淺的事物。」

成為說故事高手能為自己和他人帶來極大的好處，但我們不會永遠是那位敘事者。有時候讓別人說話也很重要。世界上最成功的領導者都知道，要成為高效領導者，適時讓別人發言比什麼都還重要。我們將在下一章討論這點。

說故事的小祕訣

- 從其他角色視角出發，創造自己的故事，藉此從不同的角度來看待你的問題、找出盲點。
- 你不會永遠是生活中的主角。在別人的故事裡扮演配角也很重要。
- 要講述扣人心弦的故事，祕訣在於「衝突」。運用「但是」、「除了」或「然後」等詞彙來尋找衝突。接著再加入「意圖」，讓故事更具意義。在你講述的故事中，人們背後的動機是什麼？
- 人們看似很無趣，是因為你沒有問對問題。
- 確保你的故事情節是由一系列連續行動所組成（X導致Y，Y導致Z……），進而創造故事的動力和懸疑感。
- 帶領觀眾體驗角色的困境，這樣一來，即使觀眾百般不願，也會對角色產生同理心。
- 如果你具備好奇心與耐心，你也能在平凡之處找到不凡的故事。試著問問人們他們最大的困難是什麼；他們的人生和自己的預期有什麼不同；以及最讓他們感到愧疚的事情是什麼。

第五章

成爲高效領導者

我們想像中的領導者，往往是管理大公司或率領士兵征戰沙場的人；但事實上，如果你是父母、老師或兄姊，你就是領導者。正如榮譽勳章得主凱爾·卡本特（Kyle Carpenter）所說：「這世界上總有人在看著你，向你學習。即使在最尋常的場合或環境裡，你也可以表現得不同凡響。」

雖然聽到「領導者」這個詞，你腦中浮現的畫面是精力旺盛的公司執行長，但我發現，真正偉大的領導者卻恰好相反。這種說法似乎有違直覺，但最好的領導者就是那些試圖讓自己「隱形」的人。

我們將在本章中學習如何讓自己「隱形」，以及世界上最優秀的領導者在家庭和職場上運用的其他技巧。

翻轉金字塔

許多領導者認為自己處在金字塔頂端，因此在組織中採用由上而下的方法來進行管理。

但如果有一種更有效、更創新的管理方式呢？

過去十年，Spotify 創辦人丹尼爾．埃克（Daniel Ek）在這家音樂串流龍頭開創出一套非傳統的領導方法。

埃克個性內斂，但在職場上卻冷酷無情，他採用一套全新方法來發揮創意和領導力。他喜歡花很長的時間散步，因為這有助於他釐清思緒。在發揮創意的過程，他會聽碧昂絲的音樂尋求靈感。他拒絕在一天內安排超過三場會議。

但最令人驚訝的是，在這個以結構為重的組織當中，他不是採取由上而下的管理模式。埃克曾聽北歐航空執行長說過，思考領導力的正確方式是翻轉由上而下的管理模式。「你應該把金字塔倒過來，把自己想成是最底層的那個人，」埃克說，「你的存在

這世界上總有人在看著你，向你學習。

——凱爾．卡本特

是為了讓工作能順利運行。這就是我在 Spotify 所做的事。」

在這個由下而上的管理模式中，想法、價值和策略主要來自公司員工，他們是公司的命脈，而高層主管則提供相應的支持與資源，以協助團隊快速執行計畫。

例如，埃克最初反對產品團隊推出「每週新發現」（Discover Weekly）的構想，這項功能每週會為使用者提供客製化的播放清單。他多次質問團隊，為什麼要花這麼多時間和精力來開發這項功能。「如果只有我一人，我絕對會扼殺這個點子，毫無疑問，」埃克在二〇一八年時向《快公司雜誌》（*Fast Company*）表示，「我從未看見這項功能的獨到之處。」

儘管埃克興趣缺缺，團隊仍努力開發這項功能。不久後，他們向廣大聽眾推出了這項功能。「我記得我是在媒體上看到的，」埃克說，「我心想，噢，這會是一場災難。」結果，「每週新發現」成為 Spotify 最受歡迎的功能之一。

埃克說，他在倒金字塔結構中的角色，是賦予管理階層權力，並分配必要的資源，讓管理階層能執行他們的點子。「我會給團隊一個大致的方向，」埃克解釋道，「但我不會為他們提供實現目標所需要的所有東西。」

這種基層的領導風格很難落實，因為員工往往會尋求執行長的答覆與引導，尤其是在危機時刻。但偉大的領導者有種隱形天賦，他們很清楚，即使在最混亂的時刻，翻轉的金字塔結構也能帶來更好的想法。

身為領導者，著名的餐飲大亨丹尼·梅爾經歷過許多次危機，像是九一一事件、二〇〇八年金融危機，以及近期的全球疫情。就像埃克一樣，他將自己視為「由下而上的管理者，信奉『僕人式領導』的理念。」

僕人式領導（servant leadership）是由已故管理學大師羅伯·格林里夫（Robert Greenleaf）所推廣，他認為唯有領導者鼓勵合作、信任、前瞻、傾聽和賦權，組織才能發揮最大效力。「在任何階層制度中，當然是老闆（也就是我）擁有最大的權力，」梅爾在自傳《全心待客：頂級服務體驗的祕訣》中提到，「但如果你將傳統的組織結構顛倒過來，讓它看起來像個V字型，把老闆放在最底層，就會發生一件神奇的事情。」

什麼神奇的事情？你會得到全新的想法。研究顯示，「僕人式領導」會營造一種信任的氛圍，激勵員工勇於冒險，進而推動公司向前邁進。

新冠疫情迫使梅爾的公司「聯合廣場餐飲集團」關閉了十九間餐廳、取消相關的活動企劃，並裁員將近兩千人。在那段期間，梅爾收到一位團隊成員的來信。那位員工懷孕了，她說預產期那天本來應該是她一生中最幸福的日子，但這一天卻剛好成為她無力支付醫療保險費的一天。

梅爾和團隊進行腦力激盪，得出一個想法：與其為受到危機影響的員工發起募款行動，為什麼不乾脆為聯合廣場集團的員工設立緊急救助金呢？

身為執行長，梅爾簽字同意，並捐出自己全部的薪水以及所有禮品卡的營收。最後他們成功募集到一百五十萬美元，全都用來補助前員工。

遇到危機時，大膽的實驗往往首先遭到凍結，但梅爾相信這正是企業生死存亡的關鍵。他常常告訴員工：「每天都要犯新的錯，別浪費時間重複舊的錯誤。」

我問梅爾，在這個注重一致性和完美主義的產業，他對犯錯有什麼看法時，梅爾說這很簡單：「如果你的公司裡瀰漫著一股恐懼的氛圍，員工怕因為犯了無心之過而惹上麻煩，那麼公司的創新率就會低得多。」

透過翻轉金字塔結構，梅爾能夠讓員工成長，培養他們的權威和領導力，而員工正是餐廳的命脈。梅爾寫道：「將絕不妥協的標準與建立員工自信的保證結合在一起，就能向你的團隊傳達明確且一致的訊息：『我相信你們，我希望你們贏得勝利，就像我希望自己贏得勝利一樣。』」

蕾曼・葛寶伊

諾貝爾和平獎得主蕾曼・葛寶伊（Leymah Gbowee）是一位社會運動者，她透過和平運動將女性團結起來，幫助賴比瑞亞結束長達十四年的內戰。

在某次活動的提問時間，一位出生於奈及利亞的哥倫比亞大學生問葛寶伊，受過西方教育的非洲人如果選擇回國，要如何在母國創造有意義的變革。「請不要抱持著『我們要回去拯救他們』的心態，」葛寶伊說，「看著我。即使你受過哥倫比亞大學的教育，你真的可以拯救我嗎？孩子，回奈及利亞之後千萬別這麼做。」

你必須花時間去贏得信任、建立信譽，並真正了解當地人的需求。「帶著想要學習、想要服務的心態而去，而不是一心想著『我之前住在紐約，我拿到哥倫比亞大學的學位』。否則你只會想逃回美國。」

葛寶伊說，真正的領導者會將權力賦予他人，而不是獨攬大權。

艾絲特・沃西基

你因為無法在家庭中落實規定而感到苦惱嗎?教育家艾絲特・沃西基(Esther Wojcicki)建議可以在家裡嘗試由下而上的管理方法。例如,假如你想限制孩子們使用螢幕的時間,你可以召開家庭會議,告訴孩子你希望他們自己制定出公平的規定。

讓孩子加入制定規定的過程,孩子們提出的規定可能會讓你嚇一跳。你愈鼓勵孩子透過民主機制,讓他們的想法得到傾聽、挑戰和尊重,他們就愈容易學會以同樣的方式對待他人。

羅伯・席爾迪尼

身為領導者,你希望從團隊中獲得不同想法,進而在公司裡創造出一種民主文化。但該怎麼做?你必須營造出一種團結、合作以及患難與共的氛圍。

被譽為「影響力教父」的社會心理學家羅伯・席爾迪尼(Robert

Cialdini）表示，你可以改變你用字遣詞中的一個字來達成這個目標。與其徵求他人的意見，不如向他們尋求建議。「這會促進雙方的夥伴關係，」席爾迪尼說，「『建議』的概念和合作、團結連結在一起。」

讓生活系統化

Shopify 創辦人托比・盧克（Tobi Lütke）沉迷於用系統化的方式來解決事業和生活上的難題。

關於效率，盧克有個簡單的原則：「如果這件事我只需要做一次，那沒關係。如果我必須做兩次，我會覺得有點煩。如果要做三次，我會嘗試用自動化的方式處理。」

盧克說，身為企業家，他最大的優勢是他一開始是一名程式設計師，而程式設計讓他學會如何系統化思考。「一般來說，多數人都會考慮因果關係，但這世界並不是這樣運作的，這世界實際上是在系統中運行的，是迴圈而非線性模式。」盧克說。

公司就像人生一樣，是由多個互相影響的複雜系統所組成。事情很少一成不變。從組織、溝通到激勵措施，所有事都圍繞著系統開展。

盧克認為，如果你想獲得更好的結果，就必須將焦點放在系統而非成果。但這實際上是如何運作的呢？

首先，讓我們先觀察成果導向和系統導向的思考方式有何不同。

假設你犯了一個錯誤。**成果導向的思考方式**會讓你避免犯下同樣的錯誤；但**系統導向的思考方式**會讓你避免犯下同樣的錯誤，以及未來成千上百個類似的錯誤，因為你已經找出當初**為什麼**會犯錯的根本原因。

盧克提供了很棒的建議：「一定要了解是什麼樣的『系統』讓你到達現在這個狀態。」

盧克說，創業能力就是能退一步綜觀全局的能力。「創業初期是很美好的階段，假設你有十位員工、一項產品和一個潛在市場，你其實可以在黑板上畫出整個系統，」他說，「一旦建立這個模型，你可以試著分析整體情況，並找出你是如何走到這一步。這就是祕訣所在。」

例如，盧克會運用顏色標記技巧來管理行程表。他把與產品有關的業務標為紅色，與投資人和董事會相關的事務標為藍綠色，以此類推。盧克追求的是平衡的一週工作內容：「在理想的情況下，我會將至少三成的時間用於產品業務，然後盡可能投入相同的時間來進行招募、大型計畫和一對一面談等。」用不同顏色標記的行程表是一種微型系統，能幫助你清楚檢視自己把大部分時間花在什麼地方。

系統也像是一張地圖，能指引你走出困境。在以系統為導向的組織裡，資訊能自由流通，也能依照清楚的指示來解決問題。

設計平台Canva執行長梅蘭妮・帕金斯表示，隨著公司發展愈趨成熟，系統變得至關重要。當公司成員只有帕金斯和共同創辦人克里夫・歐布雷特（Cliff Obrecht）時，溝通是很容易的事情。「一開始，我們只是幾個人圍坐在一張桌子開會，每個人都知道其他人在做什麼。」帕金斯說。

但現在，Canva的員工數已經快速增加到超過兩千人，舊方法已經行不通。因此帕

如果這件事我只需要做一次，那沒關係。如果我必須做兩次，我會覺得有點煩。如果要做三次，我會嘗試用自動化的方式處理。

——托比・盧克

金斯和她的領導團隊設計了一套系統導向的規劃，確保團隊之間能夠溝通順暢。

一整週，每個團隊都能了解彼此間的每日進展和希望達到的目標。週五，Canva公司的各個團隊會召開站立會議（stand up meeting）*，分享彼此的進展、經驗與收穫。「我們的團隊規模小但擁有權力，這種結構讓每個人都能靈活且快速地行動。」帕金斯說。這就是為什麼儘管Canva已經發展為成熟企業，卻仍能保有創業初期的靈活度。

現在，讓我們把系統導向的思考方式應用到生活裡。在什麼樣的情況下你可以採用這種思考方式？關鍵在於從目標（或成果）出發，然後以逆向回推的方式工作：

- 假設目標是**跑馬拉松**，那麼系統化的方式是制定訓練時間表、每天跑一定的里程數，並準備健康的飲食。
- 假設目標是**寫一本書**，那麼系統化的方式是找到有價值的主題，向出版社提案，制定大綱，並每週寫一章。
- 假設目標是**創業**，那麼系統化的方式是找出你能解決的問題，組成團隊，訂定營運計畫，並在市場上測試你的產品。

系統導向的思考方式迫使你擺脫「自動駕駛模式」，仔細檢視你生活的運作過程，並將目標放在你可以掌控的行動。

莎拉・布蕾克莉

時間是企業家最強大的資源。但隨著業務發展，Spanx 創辦人莎拉・布蕾克莉發現自己常常漫不經心，整天忙著處理不同部門的問題。於是她創造了一套系統，稱之為「任務清單」。遇到問題時她不會敷衍了事，而是花一整天的時間專心處理各項任務。對布蕾克莉來說，這代表週三會處理創意與品牌推廣，週四則是產品發想。「這讓我在做決策時能有所依據。」布蕾克莉說。

馬克・洛爾

多數新創企業文化只停留在理論層面。當連續創業家（serial

* 參與者以站姿進行會議。以這種不太舒服的姿勢進行會議，目的是為了縮短會議時間。

entrepreneur）＊馬克・洛爾（Marc Lore）創立電商 Jet 時，他以三個原則來經營公司：「透明、信任和公平。」

那實際上的運作會是什麼樣子呢？

一、「透明」代表公司願意公開資訊。召開董事會時，洛爾會將整份董事會報告發給公司全體員工，他也會公開流通股股數、股票價值、特別股和普通股的差別、員工在普通股股東之間的持股比例排名，以及他們的股票價值。

二、「信任」代表「雇用員工是為了讓他們替你工作，相信他們比你更了解這份工作，不要去管東管西，而是給予他們所需的資源來發揮所長。」

三、「公平」代表 Jet 公司建立了一套薪酬制度，讓同樣職等的員工享有完全相同的薪資。

鮑伯・波曼

奧運傳奇麥可・菲爾普斯（Michael Phelps）的長期教練鮑伯・波曼

（Bob Bowman）說，你需要一套由短期目標所組成的系統，而這些短期目標是可以實現的。例如，你的目標是參加奧運，你必須弄清楚你明年需要完成的任務，也就是說你必須把這個目標拆解成幾個具體項目，包含你想要取得的成績。

波曼計畫的基礎是，成功的過程比任何結果都來得重要。換句話說，如果你專注於過程，事情自然會水到渠成。波曼經常引用傳奇美式足球教練尼克．薩班（Nick Saban）的話：「別去看記分板，打好眼前的比賽。」

波曼強調，你的想法會影響你的表現。「我告訴選手們，『能不能拿到金牌不是你能控制的，其他選手可能在比賽當天表現得比你還好，』波曼在《金牌法則》中寫道，「但如果他們將目標放在打破紀錄，設定在爭取最佳個人成績，他們就能想像出一些具體可行的目標，而這些是他們能夠掌控的事。」

＊指有一次以上成功創業經驗的創業家。

隱形領導力

馬克·貝托里尼（Mark Bertolini）並不像《財星》雜誌世界三百強中那些拘謹嚴肅、相貌堂堂的企業家。

橋水基金（Bridgewater Associates）聯合執行長貝托里尼以刺青、皮夾克和超大骷髏戒指的形象聞名，他自稱是「激進資本主義者」。

激進資本主義指的是他在公司採取的一系列行動，當時這些政策令人耳目一新。他提高公司的最低薪資標準，免除醫療保險自付額，協助償還學生貸款，並進一步投資於員工發展。

但貝托里尼並非一直都是富有同理心且開明的人。貝托里尼成長於底特律一個藍領家庭，從小立志要成功。他從韋恩州立大學取得會計學位（雖然他因為兩度被退學而花了八年才畢業），後來又到康乃爾大學取得工商管理碩士學位。

職涯初期，貝托里尼毫不掩飾自己好勝又衝勁十足的一面，有時甚至可說是心狠手辣。他以嚴厲的鐵腕領導聞名，因此他的員工為他取了個綽號叫「黑武士」（Darth Vader）。

「當我走過大樓時，人們會哼起黑武士的主題曲，因為我很嚴格，」貝托里尼在一次訪問中這麼告訴我。

從各方面來看，貝托里尼都成功了。他賺進大把鈔票，搬進豪宅，並在他的領域贏得敬重。但這一切是有代價的，他與家人相處的時間愈來愈少，並無意中創造出一種不符合他價值觀的工作文化。

然而，兩件事在他心底敲響了警鐘，從此改變他的人生。二〇〇一年，他的兒子艾瑞克罹患了一種罕見且致命的淋巴瘤；二〇〇四年，貝托里尼因為滑雪意外導致頸部五處骨折。

他說，這兩次經歷讓他意識到，面對重大醫療問題時，美國現行的醫療制度無法好好協助病人恢復健康。他開始從更廣義的角度來看待何謂「健康」，他認為健康的人就

別去看記分板，打好眼前的比賽。

——尼克・薩班

是有生產力的人，而有生產力的人也會是快樂的人。

貝托里尼當時擔任安泰保險公司（Aetna）的執行長，他開始從公司內部進行改革。儘管公司業績蒸蒸日上，員工卻沒有享受到好處，許多人都還在使用聯邦醫療補助和食物券度日。因此，貝托里尼改革員工福利，像是將最低薪資提高到每小時十六美元，並在公司開設瑜珈和冥想課程。

貝托里尼意識到，公司員工不僅僅是「資本主義的工具」，而是組織的基石，一旦少了員工參與，公司必然會失敗。

貝托里尼相信傑出的領導者會做兩件事情：一、他們了解員工的需求；二、他們懂得放手讓員工發揮。

他從父親身上學到了第一課。貝托里尼十四歲時，在父親的汽車修理廠工作，每小時時薪一．二五美元。有一天，他發現二十多歲的同事傑瑞每小時賺四．二五美元。

貝托里尼質問父親，於是有了這場對話交流：

「爸，我的時薪是一．二五美元，傑瑞的時薪是四．二五美元。我想要加薪。」

「如果我不幫你加薪，你要怎麼辦？」

「我會辭職。」

「真的？你要辭職？你有其他工作嗎？」

「沒有。」

「很好，那你被開除了，笨蛋。滾回家吧。」

事後，他父親把這件事當成一次機會教育。他問貝托里尼知不知道傑瑞的故事，然後告訴他：「傑瑞人很好。他有家庭要養，要付房租、要扶養年幼的孩子。傑瑞現在正處於人生的巔峰時期，所以我在幫傑瑞養家糊口，這就是我付他每小時四．二五美元的原因。」

父親問貝托里尼想不想要回他的工作，貝托里尼很積極地說要，於是他父親說：「很好，你的時薪現在是每小時一美元。」貝托里尼的工資被減少了二十五美分。

這次經驗讓貝托里尼學會謀生的價值，了解到為何特權無法讓你暢行無阻，以及真正的領導者如何密切關注員工的需求。

而自從貝托里尼開始學習東方宗教後，他學到了領導力的第二課。道家經典《道德經》中有段話啟發了他。

貝托里尼開始思考如何將其應用在企業領導之中，因此他提出了**「道家領導的四個層次」**。

他在二〇一九年接受《商業內幕》採訪時表示：「第一個層次是讓員工恨你；第二個層次是讓員工怕你；第三個層次是讓員工讚美你；到了第四個層次，你變成隱形人，因為你的組織能夠自己運作得很好。」

《道德經》的這段話啟發了貝托里尼的領導哲學：「太上，不知有之；其次，親而譽之；其次，畏之；其次，侮之。信不足，焉有不信焉。悠兮，其貴言。功成事遂，百姓皆謂我自然。」*

貝托里尼在安泰保險公司的最後一項任務是將安泰出售給CVS健康公司。身為領導者，你應該培養你的員工，讓他們具備足夠的能力，即使有一天你離開公司，他們也能持續推動企業邁向未來。

成功人士如何高效領導

貝納德．阿爾諾

LVMH集團執行長貝納德．阿爾諾（Bernard Arnault）旗下擁有超過七十個品牌，包含凡迪、寶格麗、香檳王和紀梵希，他一手打造出世界規模最大、最成功的奢侈品供應商。

在許多人眼中，阿爾諾是成功的金融家、執行長和精通謀略的商人。但很少人知道，身為領導者，阿爾諾最重要的角色是**創意的推手**。阿爾諾表示，在他的職業生涯中，他始終相信每個時尚品牌的創意人才。「如果你在創意人才面前表現得像典型的管理者，只管規則、政策、客戶偏好數據等，你很快就會扼殺他們的才能，」阿爾諾說，「當創意團隊對產品充滿信心時，你必須相信團隊的直覺。」

即使公司擁有最優秀的執行長、出色的行銷手法和高明的商業策略，一旦少了創意做為驅動力，終究是一場空。阿爾諾說，當你從事創新和創意產業時，身為領導者，你的第一要務應該是確保產品品質。你必須知道什麼時候應該讓開，並相信你的團隊。

* 出自老子《道德經》第十七章。釋義：最好的統治者，人民不知道他的存在。次好的統治者，人們親近他且稱讚他。再下一等的統治者，人們畏懼他。最下一級的統治者，人們輕蔑他。統治者的誠信不足，人民不信任他。最好的統治者治理起來很優閒，他很少發號施令，事情就成功了，老百姓還以為事情自然而然就是這樣的。

布魯內羅・庫奇內利

時裝大師布魯內羅・庫奇內利（Brunello Cucinelli）很清楚，投資員工能得到長期的回報。他付給員工的薪水高於市場行情，公司的午休時間為九十分鐘，員工可以回家和家人吃飯，也可以在公司補貼的餐廳用餐。

他還成立一間圖書館，鼓勵員工和訪客閱讀但丁、卡夫卡、普魯斯特、羅斯金、羅爾斯、尼采、德希達和德勒茲的作品，館內各種語言的版本應有盡有。

庫奇內利的思考過程如下：「如果我提供你合適的工作條件，讓你在美麗的地方工作，讓你意識到自己的工作遠遠不只是創造利潤而已，你會因此感到欣然自得，或許你會變得更有創造力。」

身為領導者，提供支持並建立完善的制度固然是件很棒的事，但領導者該如何做出別人無法做出的重大決定呢？如果遇到人生中的重大決定又該怎麼辦？在這方面，世界上的成功人士也有屢試不爽的方法，我們將在下一章揭曉。

高效領導的祕訣

- 高效領導者會翻轉金字塔結構，由下而上領導。
- 在「僕人式領導」下，想法、價值和策略來自員工，管理者則提供支持和資源，讓團隊能執行他們的計畫。這種管理方式適用於各種規模的組織，甚至是家庭。
- 專注在建立完善的系統而非結果，事情自然會水到渠成。
- 系統導向的思考會迫使你擺脫「自動駕駛模式」，仔細檢視你生活的運作過程，並將目標放在你可以掌控的行動。
- 傑出的領導者會了解員工的需求，並放手讓員工發揮所長。

> 如果你在創意人才面前表現得像典型的管理者……你很快就會扼殺他們的才能。
>
> ——貝納德．阿爾諾

第六章

在不確定時期承擔風險

蓋瑞特・麥納瑪拉（Garrett Mcnamara）不是普通的衝浪手，他是無所畏懼的巨浪追逐者。這位職業衝浪手曾是金氏世界紀錄保持人，成功征服過七十八英尺（約二十四公尺）的巨浪。

挑戰這麼大的巨浪是什麼感覺？

「駕馭海浪的感覺就像讓自己被移動的雪崩追趕，我盡可能靠近雪層，其實是希望被雪崩淹沒，然後以某種方式逃脫出來。」麥納瑪拉說。

麥納瑪拉的準備過程非常嚴謹。衝浪前，他會進行高強度的呼吸訓練，讓身體充滿氧氣，以防自己被海浪捲走而被迫得在水下待上一段很長的時間。

「首先，你要為成功和眼前的任務做好準備，你必須成為**風險專家**，仔細評估任何可能出錯的事情，並找出解決方案。」麥納瑪拉說。

不確定性一直潛伏在我們的日常生活當中，甚至是在我們認為不存在任何風險的領域。但如果我們能化身為「風險專家」來面對生活中的大小事，評估我們的選擇並努力減少不確定性，我們就能做出更好的決策。

我們可以從世界上最熟練的風險管理者身上學到什麼，來幫助我們駕馭人生中的混亂與不確定性呢？

培養能力

阿列克謝．莫爾恰諾夫（Alexey Molchanov）平時在海中潛水時，可以潛到一百三十一公尺深（約四十三層樓高），同時憋氣長達五分鐘之久。

這時候，他身體承受的重力比太空人被發射進入太空時還要大。莫爾恰諾夫被視為地球上最厲害的自由潛水員，他往往能夠克服身體自發性的衝動（呼吸），突破其他人無法達到的極限，而不會昏厥或遭遇更慘的下場。

「我喜歡尋找新的極限，讓自己更進一步，因為我知道自己可以辦得到，」莫爾恰諾夫說，「我相信我的技術，我相信我的身體，我相信我的能力，我也相信周遭的環境。正是這一切組合讓我能打破紀錄。」

而他打破的紀錄實在不勝枚舉。莫爾恰諾夫共寫下二十四項世界紀錄，並在世界錦標賽中囊括超過二十五枚個人和團體競賽的金牌、銀牌與銅牌。

對莫爾恰諾夫而言，自由潛水給他「飛行一般」的感覺，這是一項需要掌握心靈**以及**身體的運動。「我熱愛自由潛水，因為這是一段持續自我改善的過程，在這個過程中，你必須學會如何放鬆，並面對你的恐懼，」莫爾恰諾夫表示，他終年都在接受訓練，「我的準備工作從不間斷。」

莫爾恰諾夫認為，無論運動或生活，練習是一切準備工作的根本。你必須靠練習才能培養自己的能力。一旦你有了能力，自信就會自然而然出現。

那麼，要如何成為一位高手，讓自己在高壓狀態下也能保持放鬆呢？莫爾恰諾夫說這聽起來或許很矛盾，但放鬆是一種可以透過無數次練習而學會的技能。

他有一套簡單的三步驟，能幫助你培養應付壓力事件的能力，無論是準備潛水或工作中重要的演講都能派上用場。

首先，呼吸是一個指標，能讓我們知道自己是冷靜還是緊張。他建議**觀察自己的呼吸模式**，你可以判斷自己是平穩、深沉地呼吸，還是短淺、急促地呼吸。

第二，莫爾恰諾夫說當我們把問題視為攸關生死、亟待解決的狀況時，我們的焦慮就會加劇。相反地，莫爾恰諾夫建議**轉換你的觀點**，將問題視為你樂於克服的挑戰，而不是你必須忍受的情況。「試著享受這個過程。」莫爾恰諾夫說。

第三，一**次專注在一項任務**。莫爾恰諾夫說，與其將問題視為一連串複雜難解的任務，不如試著問問自己：「現在，我可以集中精力完成的任務是什麼？」這樣你就能讓自己平靜下來。

你的能力和冷靜的態度是靠一次次「呼吸」所培養出來的，這不僅適用於自由潛水。

太空人克里斯・哈德菲爾（Chris Hadfield）在太空漫步時曾經暫時失明，當時他只能靠一隻手抓住正在繞軌運行的國際太空站。

哈德菲爾感覺到自己的左眼突然痛苦地閉了起來，但他不知道為什麼。他顯然沒辦法揉眼睛，因為他無法將手伸進頭盔。原來，那是一滴油加上肥皂的混合物，太空人會用它來除去面罩上的霧氣。

哈德菲爾開始流眼淚，但在沒有重力的情況下，眼淚變成一大坨黏在眼睛上的溼氣。這團濕氣變得如此之大，以至於蔓延到另一隻眼睛，讓他在太空船外處於完全失明的狀態。

但哈德菲爾並沒有慌了手腳，他的理智發揮作用，並給了他幾個選項：他可以聯絡休士頓，或是請夥伴史考特・帕拉辛斯基（Scott Parazynski）出面營救，他也可以哭一會兒，讓眼淚稀釋掉眼睛裡的髒東西。

最後哈德菲爾打開頭盔側面的通風口，釋出一些氧氣，揮發、清除掉眼睛裡的污物。然後，他繼續執行任務。

哈德菲爾能順利完成任務，是因為他在太空人訓練時學到了一課：透過模擬的場景來為最壞的情況做好準備。把訓練當作**災難的彩排**。

「雖然日復一日模擬最壞的情況聽起來很容易讓人陷入憂鬱，但實際上卻意外地振奮人心。」哈德菲爾說。

嚴密的應變計畫以及解決問題的能力，讓哈德菲爾擁有多采多姿的職業生涯。他曾用一把瑞士刀成功進入國際太空站，在駕駛飛機時處理掉一條活蛇，還想出方法解決國際太空站氨氣外洩的問題。

「這需要大膽的執行力和克服恐懼的能力，」哈德菲爾說，「恐懼不過是缺乏準備的一種症狀而已。面對恐懼，最好的解藥就是能力。」

例如，當你第一次學習騎腳踏車時，你會因為可能摔倒受傷而感到害怕。後來，隨著你的技術愈來愈好，你變得愈來愈有自信，害怕騎腳踏車就成為一件很蠢的事。但腳踏車本身並沒有改變，騎腳踏車還是像以前一樣危險。改變的**是你**。能力能孕育出自信。

「事情本身並不可怕，」哈德菲爾說，「但人們會感到害怕。」

哈德菲爾說，要消除對任何事物的恐懼，最終的解藥就是提升你的能力。別忘了，「能力意味著在危機中保持理智，在看似毫無希望的狀態下順利完成任務，並在分秒必爭的情況下提出解決棘手問題的好方法。」哈德菲爾說。

成功人士如何應對風險

路易斯・漢米爾頓

一級方程式賽車車手路易斯・漢米爾頓（Lewis Hamilton）的F1冠軍可不是砸錢買來的，而是靠努力贏來的。漢米爾頓和許多同行不同，他出身寒微，他的賽車生涯是從遙控車開始的：他在六歲時就贏得兩座遙控車比賽冠軍。

遙控車比賽讓他開始接觸卡丁車，而卡丁車又帶他踏上F1賽車之路。他速度飛快又才華洋溢，還是比賽的常勝軍。十三歲時，漢米爾頓加入麥拉倫（McLaren）的年輕車手培訓計畫，二十二歲時正式獲得F1賽車團隊贊助。在為麥拉倫車隊效力六年後，漢米爾頓在二〇一三年加入賓士車隊。

時至今日，漢米爾頓仍然是F1賽事中第一位、也是唯一一位黑人賽車手。「我父親和我會一起看老虎伍茲的比賽，他打破體育界常規，讓我們佩服不已，威廉絲姐妹也是，」漢米爾頓告訴《華爾街日報》，「我們心想：『噢，如果我們也能做同樣的事情，這將改變整個產業的發展。』」

就像老虎伍茲和威廉絲姐妹一樣，漢米爾頓的職業生涯也在一位強勢父親的鼓勵下展開。在卡丁車比賽時，他的父親安東尼會仔細研究賽道上速度最快的選手，並指導漢米爾頓如何在準確的時間踩下剎車。漢米爾頓以攻擊力十足的駕駛風格和比其他選手更晚（而且更猛烈）踩剎車的賽車技術聞名於世。

漢米爾頓的能力來自於他不把自己視為賽車手，而是把自己看成持續磨練自身技能的藝術家。他稱之為「打造個人的傑作」。以下是他對培養能力的想法：「要掌握一項技能需要很長時間，雖然我覺得自己已經有十足把握，但仍然有很多可以精進的地方，」漢米爾頓說，「我還有許多可以進步的空間，還有許多可以補足的地方。這一路上還會經歷許多波折，但我覺得至少到目前為止，我已經擁有最棒的工具能幫助我應對這些困難。」

「打造個人的傑作」這種態度代表必須付出更多努力、解決更多問題，同時吸取更多的經驗與教訓。

寧斯・普爾加

寧斯・普爾加（Nims Purja）是一位極限登山家，他已經攻頂世界十四座「死亡地帶」的高峰。在這之前，最快攻頂十四座高山的人花了八年時間，但普爾加只花了六個月又六天就辦到了。

普爾加在探險過程中學會一件事：「在山上，沒有任何事是按照計畫進行的。」

在一次的遠征中，他在海拔八千四百五十公尺處遇到一位氧氣耗盡的登山者，普爾加給了他一些自己的氧氣，並幫助他下山。「在沒有適應環境的情況下，在海拔八千四百五十公尺的高山上執行無氧救援根本就是一種自殺式任務，但我知道自己身體的能耐。」普爾加說。

那我們該如何為無法準備的事情做好準備呢？多年來的訓練可以幫助你在重要時刻做好準備。在展開如此艱巨的任務之前，你必須對自己的身體和心理承受度有一定的認識。

「我認為最重要的是認識自己的身體，知道自己極限在哪，明白自己能做什麼、不能做什麼，」普爾加說，「如此一來，你就有判斷的基準，能夠展開你的任務。就像我說的，對我來說，我並不是從小就開始爬山，我才剛踏入登山界四、五年，我還在摸索自己身體的能耐。這是我很認真投入的領域。」

評估風險

烏克蘭、阿富汗、伊拉克、達佛、利比亞、敘利亞、黎巴嫩、南蘇丹、索馬利亞、剛果。

過去二十年，戰地攝影師琳賽．艾達里歐（Lynsey Addario）報導地球上每一場重大的衝突事件與人道危機，透過鏡頭捕捉世界各地遭受的破壞與痛苦。

她曾多次身陷險境：在利比亞被綁架、在伊拉克被劫持，在巴基斯坦因車禍而受傷。但在艾達里歐的職業生涯中，即便她面臨極大的危險，也始終堅持不放下手中的相機。

或許在她的工作中最重要的部分就是學會如何好好評估風險，因為一旦評估錯誤，後果將不堪設想，尤其是在艾達里歐的工作領域。

艾達里歐每天（有時是每小時）都必須仔細權衡事態的危險程度與報導的重要性。多年來她了解到，錯誤評估風險可能攸關生死。

二〇一一年，艾達里歐和三位同事正在報導利比亞內戰，當時情勢從一場革命演變為全面性的戰爭。這群記者開車前往艾傑達比亞市（Ajdabiya），試圖接近前線，當時

雖然日復一日模擬最壞的情況聽起來很容易讓人陷入憂鬱，但實際上卻意外地振奮人心。

——克里斯・哈德菲爾

平民四處逃亡，格達費的軍隊步步進逼。儘管他們的司機穆罕默德警告他們事態的嚴重性，並力勸他們撤退，但他們沒有聽進去。

結果車子在軍事檢查哨被攔下來，艾達里歐和同事被蒙上眼睛，遭到綁架，而他們的司機很有可能因為他們沒有即時離開這座城市而命喪黃泉。

「我們再也沒有見過穆罕默德，」艾達里歐告訴我，「我們推測他是在檢查哨被殺了，可能是被處決，或是在交戰中喪生。他的死是我們的責任，你懂嗎？這完全是我們的誤判。」

有計畫的冒險和魯莽的冒險是兩回事。前者是在資訊有限的情況下做出好的決定，後者則是毫無理由地鋌而走險。

是否有實用的判斷基準來區分兩者呢？

波士頓啤酒公司（Boston Beer Company）的共同創辦人吉姆·庫克（Jim Koch）被稱為「啤酒界的賈伯斯」與「當代最成功的企業家之一」。

一九八四年，庫克冒了很大的風險，辭去他在波士頓顧問公司（Boston Consulting Group）年薪二十五萬美元的優渥工作，利用他在家中閣樓找到曾曾祖父的配方，創立了自己的釀酒廠。

庫克對波士頓顧問公司的枯燥工作感到快窒息時，他面臨一個抉擇：是繼續安穩地留在波士頓顧問公司，還是在沒資金、沒經驗的情況下創辦一家啤酒公司？他很害怕做出錯誤的決定。

於是庫克開始思考兩個詞：「**害怕**」與「**危險**」。離開波士頓顧問公司是他一生中感到最害怕的決定，但留下來卻很危險，因為他並不快樂，可能因此永遠活在遺憾之中。人生中有許多事令人害怕，但卻不危險，反之亦然。最終庫克勇於承擔風險，辭去工作，催生出山謬亞當斯這款當紅精釀啤酒。

透過這種思考框架來審視你的人生，能幫助你做出重要的決定，讓你展開有計畫的冒險，而非只是一時衝動而已。

但世界上最厲害的冒險家都具備一種隱形天賦：他們很清楚，即使他們充分評估風險，並做出正確決定，成功卻不是必然的結果。

成功人士如何應對風險

麥特・穆倫維格

Automattic（WordPress的開發商）執行長麥特・穆倫維格（Matt Mullenweg）得到最棒的建議與決策有關，這是前執行長托尼・史奈德（Toni Schneider）告訴他的建議：「可逆的決定要快狠準，不可逆的決定則要慎重以對。」

這種思考方式在面對不確定的狀況時相當管用。如果這項決定是可逆的，你可以在缺乏完備資訊的情況下迅速做出決定，而且你或許還能從決策過程中學到更多東西。但如果這項決定是不可逆的，你就應該放慢腳步，在下決定前深思熟慮，並仔細分析。

所以，問問自己：「我要做的這項決定是可逆的，還是不可逆的？」

尼克・薩班

比賽前，阿拉巴馬大學美式足球總教練尼克・薩班（Nick Saban）和其他教練都會召開所謂的「模擬會議」。會議上，他們會相互提問：「這種情況發生該怎麼辦？那種情況發生該怎麼辦？」

他們會討論各種假設的情況，為比賽做好準備：從裝備經理的皮帶上應該掛多少頭盔扣，以防止選手的頭盔掉落，到分析哪位裁判最有可能丟出干擾傳球的黃旗。

球隊針對幾乎每種情況都有緊急備案，因為薩班以其嚴謹的準備過程聞名，並且「從不讓任何一絲人性左右球隊的管理」。換句話說，他會藉由嚴密的事前準備來降低風險。

二〇一五年，當時的防守教練柯比・斯馬特（Kirby Smart）說過：「我們討論的事情有九〇％的機率不會發生，但萬一那一〇％發生了，你就能做好準備，並根據準備的過程做出正確決定。」

接受風險的陰暗面

人們最常在 Google 上搜尋有關康拉德・安克（Conrad Anker）的問題是：「康拉德・安克是怎麼死的？」

但在深入了解安克的生平後，我一直問自己相反的問題：「他究竟是怎麼**活下來**的？」

先說清楚，安克仍活得好好的，但這位傳奇登山家也有差點喪命的經歷。

一九九九年，安克參加珠穆朗瑪峰的搜索隊，並找到喬治・馬洛里（George Mallory）的遺骸，這位傳奇英國登山家於一九二四年在攻頂過程中不幸遇難。「攀登珠穆朗瑪峰就像是在爬滑雪坡，」安克說，「只不過你的胸口和頭要頂著一頭兩千磅重（約九百公斤）的大象。」

三個月後，安克與登山夥伴艾歷克斯・羅威（Alex Lowe）與大衛・布里奇斯（David Bridges）一起攀登世界第十四高峰希夏邦馬峰。羅威是第一個發現積雪開始滑動的人。在幾秒鐘之內，他們意識到自己將面臨一場大雪崩。

當雪牆堆到三人面前時，積雪的移動速度已經超過每小時一百英里，並蔓延至五百英尺外的斜坡。除了逃跑，他們別無選擇。安克往左邊跑，羅威和布里奇斯則跑向右邊。安克的肋骨斷裂，頭部有撕裂傷，肩膀也脫臼，但他活了下來。再也沒有人見過羅威和布里奇斯，直到二〇一六年有人發現他們的遺體。

在二〇一七年的畢業演說中，安克告訴畢業生，人生是由許多瞬間組成的，包括你出生的瞬間、你踏出第一步的瞬間、你第一次登山的瞬間。「這些時刻都是獨一無二的，」安克說，「它們構成了人生的里程碑，而我們無法逃避的一個里程碑就是死亡。」

在本章中，我選擇告訴你麥納瑪拉、莫爾恰諾夫、哈德菲爾、艾達里歐和安克的故事是有原因的。他們都從事極限工作，一個失誤就有可能喪命。

但他們的故事也點出承擔風險這件事幸運的一面：生活中多數情況**並非**生死交關的

> 可逆的決定要快狠準，不可逆的決定則要慎重以對。
>
> ——托尼・史奈德

難題。在多數情況下，你可以活下來，這意味風險是因狀況而異的，而且緊急程度也會隨觀點的轉換而改變。

二〇一五年，雪柔．桑德伯格（Sheryl Sandberg）擔任臉書的營運長，當時她和丈夫大衛．戈德伯格（David Goldberg）到墨西哥的海灘度假。然而，戈德伯格在度假村健身房運動時突然昏倒，並因嚴重的頭部創傷而過世。

丈夫過世後，桑德伯格傳訊息給臉書執行長馬克．祖克伯（Mark Zuckerberg）：「緊急情況，請回電。」

祖克伯看到她的訊息時，還以為是工作出了問題，儘管當時桑德伯格正在度假。事後回想起來，祖克伯說：「以前很多事情都是『緊急情況，請回電』。如今卻不是了。」

在一篇題為〈風險的三個層面〉（*The Three Sides of Risk*）的部落格文章中，作家兼投資人摩根．豪瑟（Morgan Housel）認為，**承擔風險有三個不同的層面：**一、你受到影響的機率；二、受到影響的一般後果；以及三、受到影響的極端後果。

長遠來看，風險帶來的極端後果才是最重要的，豪瑟稱之為「機率低、影響大的事件」。這些事件最難掌控，卻最重要。

當安克和他的朋友試圖攀登希夏邦馬峰時，他們知道自己能勝任這項任務。他們盡了最大努力，仔細評估登山風險。但對他們而言，「機率低、影響大的事件」是他們沒有預料到的雪崩。最終存活的關鍵是一個再簡單不過的決定：安克往左逃，另外兩人卻往右逃。

重點是：當我們以為自己是混亂生活的主宰時，人生總有辦法讓你臣服於它的腳下，即使是能力最強的風險管理者也無法倖免。但如果我們有幸活了下來，我們就能從中學到無數寶貴經驗。

正如巨浪衝浪家蓋瑞特・麥納瑪拉所說：「一旦你意識到自己一無所知，你就是大師了。」

成功人士如何應對風險

史黛西・麥迪遜

當世界充滿不確定性時，多數人往往會陷入僵局，但最厲害的公司和最強韌的企業家卻都誕生在危機時刻。

一九九〇年代，Stacy's Pita Chips品牌創辦人史黛西・麥迪遜（Stacy

Madison）在一間餐廳工作，並協助管理部門開設第二間分店。麥迪遜以為自己在餐飲界的事業正在起飛，但她卻突然遭到解雇。沮喪之餘，麥迪遜突然靈光一閃：「最終，我回過頭來思考：『如果我能為別人做牛做馬，我為什麼不能為自己這麼做？』」

麥迪遜放手一搏，用五千元美元開了一間小吃攤，後來這間店搖身一變成為皮塔脆餅帝國，麥迪遜最後以二億五千萬美元的價格將一手打造的事業賣給百事公司。

在人生的某個階段，我們都會問自己一個問題：「接下來該怎麼辦？」或許你剛從大學畢業，或剛被公司開除，但我們都會經歷這種反思的時刻。

其中的教訓是什麼？那就是在別人不願意時展開行動。「你無法控制的衰事總會發生，比如說火災或是意外，但這就是人生中的轉折點，你必須承擔責任並發揮你的領導能力。」麥迪遜說。

張福林

張福林（Franklin Chang Díaz）在美國國家航空暨太空總署（NASA）工作二十五年，前前後後完成七次太空任務，追平史上最多次太空飛行紀錄。他在太空的總飛行時間超過一千六百小時，其中包含三次總計十九小時又三十一分鐘的太空漫步。

在大學時，張福林的一位教授告訴他：「如果你的實驗進行得很完美，那你什麼也沒學到。」

當時張福林無法理解這句話背後的邏輯，但多年後他漸漸領悟其中的道理：要想成功，你必須先學會失敗。

科學就像生活一樣，唯有當你嘗試過各種方法卻失敗後，你才會進步。「經常承擔小風險，而不是偶爾承擔巨大的風險，」張福林說，「我的人生哲學一直是每次踏出一小步，然後多走幾步。」

當然，如果沒有值得信賴的遠見，從容應付風險、做出有效決定只能成為空談。究竟傑出人士如何釐清自己的思緒？我們將在下一章告訴你。

勇於承擔風險的祕訣

- 風險無所不在，但風險不一定會將我們擊倒。讓自己像風險專家一樣思考，冷靜評估並管理風險，就能幫助自己做出有效的決定。
- 面對壓力時透過放慢呼吸來放鬆自己。重新將壓力視為一項挑戰，並享受克服挑戰的過程。一次只專注於一項任務。你的能力和冷靜的態度是靠一次次呼吸培養出來的。
- 透過模擬的場景來為最壞的情況做好準備，為災難進行彩排。
- 當你面臨每個令人害怕的行動時，別忘了毫無作為也存在風險。記住這點可以幫助你打破僵局，做出理性的決定。
- 並非每種情況都需要深思熟慮。面對可逆轉的決定要快狠準，無法逆轉的決定則要慎重以對，這麼做可以減輕你的決策負擔。
- 風險帶來的極端後果最難掌控，卻最為重要。大多數風險並不是什麼生死交關的大問題。
- 經常承擔小風險，而不是偶爾承擔巨大的風險。這是更接近反脆弱（Antifragile）*的進步方式。

如果你的實驗進行得很完美，那你什麼也沒學到。

——張福林的大學教授

* 這是《黑天鵝效應》作者塔雷伯在《反脆弱》書中提出的概念，即脆弱的反義詞不是堅強，而是反脆弱。

第七章

釐清思緒

你**真的**相信你所相信的事嗎？要怎樣才能改變你的想法呢？

二〇一九年，我訪問黑石集團（Blackstone）的執行長蘇世民（Steve Schwarzman）。他被稱為「另類宇宙的主宰」，因為黑石集團以投資另類資產聞名，這些曾被視為「非傳統」的投資標的包括避險基金、私募股權和原物料商品。

但這些另類資產卻不再這麼「另類」了。如今，一批新的投資人正將資金投入數位資產，例如比特幣和其他加密貨幣。

當我問蘇世民對比特幣有什麼看法時，他說：「我對它沒什麼興趣，這對我來說很難理解，我從小在一個需要有人監管貨幣的世界長大。」

有道理。蘇世民的回答讓我想到，我們相信的所有事物都和我們的背景、家庭、工作、經濟誘因和政治傾向有關。但隨著時間過去，我們相信的事物也會跟著改變，這很自然，對吧？

其實不然。在現在的社會，改變看法並不像你所想的那麼受歡迎。在政治上，人們會叫你牆頭草，在現實生活中，你成了偽君子，在推特上，天知道會變得怎樣。

因此，我們堅守自己的主張並持續前行，無論這些想法錯得多離譜並且過時。為什麼？因為我們追求的是社會認可和身分認同，而不是真理。正如詹姆斯·克利爾所說的：「說服他人改變想法，其實就是說服他們改變自己的身分認同。」

改變你的身分認同看似是艱巨的任務，但更客觀地看待事物是有價值的。清晰的思考能避免我們被虛假的論述所迷惑，讓自我受到控制，更重要的是，能讓我們獨立思考。

傳奇投資人查理．蒙格有一道「鐵律」，確保自己不會成為自身想法的奴隸。「除非我能比別人更有力地反駁自己的觀點，否則我無權對這個議題發表意見，」蒙格說，「我認為唯有做到這樣的程度，我才有資格開口。」

說服他人改變想法，其實就是說服他們改變自己的身分認同。

——詹姆斯．克利爾

與盲目的信仰抗爭

二〇〇六年，莎拉・艾德蒙森（Sarah Edmondson）花了三千美元到紐約奧巴尼參加為期五天的「高階主管成功課程」。這項訓練課程由 NXIVM 所創立，NXIVM 是一間提供自我成長課程的公司，聲稱自家的「專利技術」能幫助像艾德蒙森這樣野心勃勃的人在個人和職場生活中變得更成功。

在五天培訓中的第三天，艾德蒙森在一堂關於自尊與自我限制信念的課程中取得了「突破」。

接下來的十二年，艾德蒙森成為 NXIVM 的高階成員，負責在溫哥華開設分部並招募新成員，同時在訓練課程中傳播組織理念。她終於找到了自己一直在尋找的目標與人際連結。

但她卻從此踏上一條危險的道路。

後來有人告訴艾德蒙森，她必須刺一個拉丁字母的小刺青，作為女性賦權的入會儀式。她和其他 NXIVM 女性成員一樣，身上被烙上了組織創辦人的名字縮寫。

艾德蒙森以為自己為提供自我成長課程的公司工作，但她卻誤打誤撞加入打著輔導和女性賦權旗號、實則從事性交易的邪教組織。她說，發現刺青上的圖案有創辦人的名字縮寫，那是「最大的警鐘」。她離開公司，並對組織領導人提起刑事訴訟。一部名為《誓約》（*The Vow*）的紀錄片詳細介紹了艾德蒙森的故事。在看完紀錄片後，我不禁思考人類的心靈是如此不可靠，身分和信仰也充滿不確定性。

揭發 NXIVM 行徑的《紐約時報》記者貝瑞．梅爾（Barry Meier）表示：「我從（這則報導）中學到最重要的一點是，身為人類的我們竟如此脆弱，即使是表面上看起來聰明、能力強、有才華又成功的人，也如此脆弱不堪。有心人士很容易利用這些弱點。」

現在，你可能心想：「噢，拜託，我才不會陷入這種事。」但請你問問自己：無論是政治、宗教或是占星學，你上次挑戰任何制度是在什麼時候？根據皮尤研究中心（Pew Research Center）數據，超過六成的美國千禧世代相信所謂的新時代靈性觀（New Age spirituality），像是輪迴轉世、占星學和靈媒等。

在這個瞬息萬變的世界裡，我們必須學會如何面對不確定性。當我們找不到答案時，我們傾向向權威的消息來源尋求協助，以緩解我們對未來的焦慮，或者將某些人或機構視為權威（像 NXIVM），但事實上這些機構所做的只是操控我們而已。

並不是每個邪教都有刺青儀式或狂妄自大的長髮領袖。邪教就在我們身邊，我們自願（有時是非自願）加入這些同溫層。從我們相信的新聞、我們參與的社群媒體到與我們往來的朋友，許多人傾向從特定來源吸收訊息，這些資訊往往與我們既有的想法相同，甚至強化我們既有的想法。

很多時候，即使證據與我們的理念相悖，我們仍選擇堅持己見。這種儘管覺得很荒謬、卻認為自己**應該**相信某件事情的感覺，哲學家丹尼爾．丹尼特（Daniel Dennett）稱之為**「信念中的信念」**（belief in belief）。

這種現象不只出現在宗教或邪教領域，也出現在日常生活中。丹尼特解釋，整個金融體系都建立在「信念中的信念」之上。例如政治家和經濟學家意識到，穩定的貨幣取決於人們**相信**貨幣是穩定的，即使有證據顯示實際情況並非如此。

為什麼會這樣？主要是因為人類的大腦渴望可預測性，如果我們信任的消息來源改變立場，大腦會有被背叛的感覺。為了緩解這種不安的感覺，我們會竭盡所能解釋其中的不一致性。

二〇〇八年，霍華德大學心理學教授傑米．巴登（Jamie Barden）進行一項研究，以判斷人們如何面對候選人前後不一致的行為。他請一群學生對名叫麥克的假想人物做出評斷，這群學生一半支持共和黨，另一半支持民主黨。

學生們得到以下這段有關麥克的資訊：他籌畫了一場政治募款活動，結果喝得有點多，在活動結束後回家的路上撞了車。意外發生一個月後，麥克上了電台節目，向聽眾宣導絕對不能酒後駕車。

針對麥克的行為有兩種解釋：一、他是個偽君子。二、他從錯誤中汲取教訓並有所成長。那麼受試者是如何評判麥克的行為呢？

關鍵的細節在此：在其中一半的實驗中，研究人員將麥克描述為共和黨員，另一半實驗則將他描述為民主黨員。

當麥克與受試者具備相同政治傾向時，只有一六％的受試者認為他是偽君子，但是當麥克被描述為來自敵對政黨時，有高達四〇％的受試者認為他是個偽君子。

也就是說，一旦某人以不可預測的方式行事時，我們並不會改變自己的想法，我們只會改變自己對他人行為的解讀，以符合我們既有的想法。

心理學家菲利普．泰特洛克（Philip Tetlock）進行了一項著名的研究，他得出的結論是，政治界分為兩種人，他稱之為狐狸和刺蝟，根據古希臘的諺語，狐狸知道許多事情，但刺蝟只知道一件大事。

泰特洛克說，有些領導人的作風就像刺蝟：他們擁有一個巨大的世界觀，而這個世界觀建立在一些基本真理上，這些人具備高度的一致性。因此，支持自由市場的刺蝟會用自由市場的視角來理解各式各樣的事情。但另一方面，狐狸的表現卻往往很不一致，因為他們是根據許多不同的證據和想法來進行判斷。

因此，泰特洛克進行為期二十年的大規模研究，以分析「狐狸」和「刺蝟」在預測未來時的準確程度。最終他發現，隨著時間推移，狐狸往往比刺蝟準確許多。為什麼呢？因為對狐狸而言，犯錯是學習新事物的機會，這樣他們就能準備好自己，以應付生活中複雜多變的事情。

泰特洛克的研究挑戰人們對專家的定義。我們可能會認為，專家就是知識淵博的人，他們的想法根深蒂固，從來不會改變。然而，泰特洛克說，經常使用「但是」、「然而」和「儘管」等用詞的專家，往往會得出正確的預測。

這就是為什麼人們經常形容邪教領袖充滿魅力而且具有說服力，因為他們以黑白分明的方式來呈現這個世界，不留任何模糊空間。

離開 NXIVM 後，艾德蒙森變得更注意自己每天吸收的資訊。她開始探究並懷疑眼前的事物，以努力接近真理。「我已經到了絕不盲從的地步，」艾德蒙森說，「我必須知道我為什麼要這麼做，因為我已經盲從十二年，看看我的下場是什麼。」

以適量的知性謙虛（intellectual humility）*和懷疑的態度來面對世界是件好事，即使這麼做可能不受歡迎。正如歷史學家丹尼爾．布爾斯丁（Daniel J. Boorstin）所說的：「探求新知的最大阻礙不是無知，而是對知識的錯覺。」

成功人士如何釐清思緒

羅伯．亨德森

作家羅伯．亨德森（Rob Henderson）創造「奢侈信仰」（luxury beliefs）一詞，指的是能賦予富人地位，卻讓其他人付出代價的想法和觀點。

就拿「一夫一妻制度已經過時了」這個觀點來說吧。「當你聲稱一夫一妻已經過時了，會讓你在其他菁英大學同學之中獲得一些社會信譽（social cred），」亨德森說，「諷刺的是，上層階級最有可能散播這些不

* 指認知到自己的信念可能有誤、意識到個人在知識方面有限。

尋常的奢侈信仰，但他們自己也是最有可能步入婚姻，重現他們所批判的特權制度。」

換句話說，奢侈信仰是具有表演性質的地位象徵：它們很受歡迎，卻不是真的。奢侈信仰就像奢華服飾一樣，代表了崇高的社會地位，然而亨德森所說的那些「意識形態的皮草大衣」一旦過時，就會為弱勢族群帶來實際的後果，這些人往往是「時髦」信仰下首當其衝的受害者。

威爾．史托爾

威爾．史托爾（Will Storr）是一名記者，他寫過關於追求社會地位的文章。他說，我們會把地位賦予給在我們眼中占主導地位、道德高尚或能力出眾的人，並且開始模仿他們，希望自己也能像他們一樣。

我們就這樣變成他所說的「地位遊戲」參賽者。遊戲過程如下：我們從一個問題開始，逐漸形成一種想法，然後加入能驗證這種想法的團體。一旦我們加入某個群體，我們就會找出其中權力最大、地位最高的成員，並模仿他們的信念、品味與行為。

「我們將這種行為視為一種遊戲策略：我們盲目採納成功人士的觀點與習慣，希望自己也能成功。」史托爾寫道。

我們參與的地位遊戲有很多種，了解自己在其中扮演的角色非常重要。例如，「取消文化」（cancel culture）*的暴民仰賴的是「德行支配遊戲」（virtue dominance game），這個遊戲透過威脅、痛苦和懲罰來迫使你遵守規則。而「德行成功遊戲」（virtue success game）則是透過能力來促進善的循環。例如，有人透過跑馬拉松替乳癌研究募款，這就是一種「德行成功遊戲」。

了解自己正在參與什麼樣的地位遊戲，並問問自己：「我的角色是什麼？我可以如何善用我的地位？」

努力維持知性謙虛

茱莉亞．蓋勒芙（Julia Galef）請你想像一下，你是一位戰場上的士兵，你進攻、

* 一種社群抵制行為，透過輿論發動抵制，驅逐不受認可的對象，使其失去原有社會關係平台的支持而無法存在。

防禦和防護，但多數時候你只想要**贏**。

現在，想像你扮演另一個角色：偵察兵。和士兵不同的是，你的目標不是保護其中一方，你的任務是了解並勘查地形，辨識威脅和障礙，並盡可能繪製出精確的地圖。

蓋勒芙經常用**士兵**和**偵察兵**來比喻每個人在日常生活中處理資訊和想法的方式。這兩種思維呈現出我們看待世界的清晰程度。

「有些資訊感覺像是我們的盟友，我們想要它們獲勝、想要捍衛它們；其他資訊則像敵人，我們想擊敗它們。這就是為什麼我將動機性推理（motivated reasoning）*稱為『士兵心態』（soldier mindset），」蓋勒芙說，「『偵察心態』（scout mindset）則代表盡可能找出正確的資訊，儘管這個過程並不愉快。」

蓋勒芙是非營利組織應用理性中心（Center for Applied Rationality）的主席兼共同創辦人，該組織致力於訓練人們的推理和決策策略。她是少數以改變想法為榮的人。

讓我們探討幾項蓋勒芙所建議的策略，幫助我們變得更理性，並提升個人的判斷力。

首先是評估你現在的想法。在蓋勒芙的播客節目《理性來講》（*Rationally Speaking*）中，她常常向來賓提出以下的問題：**「你對什麼事改變了看法？」**以及「**你**

認為與你觀點相反最強的論點是什麼？這兩個問題能幫助受訪者直接面對他們先入為主的想法和偏見，進而在思想上變得誠實。

接下來，蓋勒芙建議**將你與你的想法切割開來**。在這項視覺化練習中，蓋勒芙建議把你在爭論中捍衛的想法想像成距離你身體幾英尺遠的東西。「這樣一來，與我交談的人一旦攻擊我的想法，我就能想像這些攻擊是針對這個東西，而不是我個人。」她說。這用這種方式將你的想法具象化會很有幫助，因為這不會讓人感覺到是一種人身攻擊。

有些資訊感覺像是我們的盟友，我們想要它們獲勝、想要捍衛它們；其他資訊則像敵人，我們想擊敗它們。

——茱莉亞・蓋勒芙

* 指個人有意或無意允許充滿情緒的偏見影響其感知新資訊。

樣你在評估自己的想法如何承受攻擊時，就會更加客觀。

第三，她建議我們**讚美客觀的看法，而不是正確的看法**。好好恭喜自己能盡可能冷靜、公平地評估一項論點，而不是因為自己是對的而感到自豪。終極目標應該是要接近真理，而不是證明自己是對的，因為後者是由情感所驅動，前者則由理性所驅動。

最後，**不要在爭論過程中為對方貼標籤**：我們為他人貼標籤的方式往往會讓我們誤入歧途。試想一下，假如你能從另一個種族或性別的人嘴裡聽到某位候選人的觀點，你會怎麼想？如果事情（或人）被賦予不同包裝，我們會有不同看法嗎？

蓋勒芙認為確實如此。當你對某個與你爭論的人感到沮喪、惱怒或充滿敵意時，試試看這項心理練習：想像你尊敬的朋友或家人也在說同樣的話。「試著想像這些論點是出自於你更喜歡的人，我想你會發現，以公平的方式考慮這些論點會比預期中容易得多。」她說。

別忘了，改變主意是你的特點，不是缺陷。

成功人士如何釐清思緒

安東尼・波登

叛逆主廚安東尼・波登（Anthony Bourdain）說過，為了看艾菲爾鐵塔而飛到巴黎會毀了你的靈魂。

他尋找的是人跡罕至、能讓你跳出舒適圈的地方。「我們往往過度擔心安全和整潔，而這成了人與人之間的隔閡。」他說。

波登是街頭小吃的傳道者，因為他相信旅人可以透過這種方式體驗當地美食的魅力。也就是說，在探索一座新城市時，你必須勇敢地豁出去。波登拒絕在說英語的餐廳用餐，而是找一間不起眼的小餐廳，用手示意要點旁邊人正在吃的菜，勇於嘗試新東西，從而避開旅遊陷阱。

與語言不通的陌生人進行尷尬的交流，才是最棒的體驗。「正是這些充滿人性的微小時刻、這些隨機的善意，才真正讓你永生難忘。」波登說。

波登認為，在造訪一個新地方時，你會學到一些東西，不僅是與這個地方有關的事情，還有與自己有關的事情，也關於你自己。「旅行不是永遠都是美好的，也不是永遠都是舒適的。有時旅行會讓你痛苦，甚至讓你心碎，但沒有關係，」波登說，「旅行會改變你，也應該改變你。旅行會在你的回憶、意識、心靈和身體留下印記。你會帶走一些東西，但願你也能留下一些美好的東西。」

在每趟旅行結束後，問問自己：「我對自己有什麼新發現？哪些想法得到了驗證？哪些想法被推翻了？」

獨立思考

要改變自己的想法，首先必須了解**你**相信些什麼。讓我分享一則自己的故事，內容與挑戰與獨立思考有關。

在我四年級時，我們家從保加利亞移民到美國，對我而言，要適應新國家的文化規範非常困難。我不會說英語、不會踢足球。午餐時，我用刀叉來切我的披薩。當我吃到裹著玉米粉團的油炸香腸時（美國人稱之為「炸熱狗」），我感到絕望不已。

每天都會遇到新鮮事，而每天我都痛恨自己與眾不同。因為這代表我必須一個人吃午餐，永遠覺得自己像個局外人。

身為成年人，我能夠理性看待這件事情，也理解這背後的原因。但身為九歲的孩子，這些經歷重塑我的大腦，並在往後的日子裡扭曲我的思考方式。

我們搬家了，我和一群在刀叉披薩時代不認識我的孩子一起開始我的七年級。我還記得自己剛踏入新學校時，心想：「你可以成為任何你想成為的人。」但自然而然地，我矯枉過正。

突然間，我變成循規蹈矩又順從群體的孩子。我痛恨「永遠做你自己」這種建議，因為在我腦海裡，做自己會讓我想到獨自一人坐在學校餐廳裡的畫面。我是個濫好人，從不發表意見，而且像野蠻人一樣徒手吃披薩。我是個無趣的人，我也感到筋疲力竭。

大學畢業時，我交到了一些朋友，人緣還不錯，從來不覺得孤單。但現在，我仍然覺得自己是個局外人，更覺得自己是個騙子。這就是所謂的**「規範性社會影響」（normative social influence）**，指一個人在公開場合會接受群體的觀點，但私底下卻拒絕接受。這種生活方式其實非常孤單。

長大後，我搬到紐約，我又得到一次獨立思考的機會。二〇二〇年，我辭去《財星》雜誌的工作，創辦自己的媒體公司 THE PROFILE。我以為自己已經擺脫傳統思考的束縛，但這種習慣不是一下就戒得掉的，它會以詭異的方式持續糾纏著你。

首先是焦慮的問題：「誰會在乎我的觀點？」、「我應該模仿哪位作家的風格？」、「到底誰會讀這個東西？」然後更重要的問題來了：「我的觀點是什麼？」、「為什麼我要接受社會對成功的看法？」，以及「我到底相信什麼？」

科技投資人保羅．葛雷姆（Paul Graham）在題為〈順從的四個象限〉（*The Four Quadrants of Conformism*）的部落格文章中提到，多數人屬於以下四個類型的其中一種：積極順從者、消極順從者、消極獨立者與積極獨立者。

積極順從者不僅認為所有人都必須遵守規則，更深信違反規則的人必須受到懲罰。而**消極順從者**會確保自己照著規則走，但他們會擔心那些違反規則的人可能受到懲罰。**消極獨立者**是不太考慮眼前規則的人。**積極獨立者**則是不斷挑戰規則的人，經常刻意反抗當初實施規則的權威人物。

「消極順從者關注的是『鄰居會怎麼想？』；消極獨立者認為『人各有所好』，」葛雷姆寫道。「積極獨立者則相信『地球仍然在動啊』（Eppur si muove）。」（這句話據傳是物理學家伽利略被迫放棄日心說時對質疑者所說的話。）

獨立思考需要一定程度的謙遜，並接受自己可能在吸收新資訊後而改變想法這件事。

蓋勒芙建議我們使用一種名為**「貝氏定理」（The Bayes Rule）**的強大思考模式，這個定理描述在一些已知的相關條件下，某件事發生的機率為何。

從本質上來看，這個定理告訴你如何衡量證據，改變你的想法。

貝氏定理公式如下：

$$P(A|B)=\frac{P(B|A)P(A)}{P(B)}$$

貝氏定理相關定義是：

- P（A|B）：在事件 B 已發生的前提下，事件 A 發生的機率。
- P（B|A）：在事件 A 已發生的前提下，事件 B 發生的機率。

- P(A)：事件 A 發生的機率。
- P(B)：事件 B 發生的機率。

你毋須了解背後的數學原理，就能將這個定理應用在自己的生活之中。以下是蓋勒芙建議的使用方法：試著了解你的想法不是非黑即白的，你對自身想法的信心會隨著你學到新東西而跟著改變。下次，當你認為自己百分之百支持一個政黨時，試著問問自己：「我到底相信些什麼？這些新的事實是否有助於更新我的信仰系統？」

葛雷姆建議你採用一種類似的思考框架，也就是將想法視為一道謎題。每當有人斷言一件事是事實時，問問自己：「這是真的嗎？」

「最終目標不是在別人告訴你的事情中找出漏洞，而是找到被漏洞掩蓋的新論點。因此，這個遊戲應該是令人興奮的探險過程，而不是什麼無聊的心智大掃除，」葛雷姆在一篇題為〈如何獨立思考〉(*How to Think For Yourself*) 的部落格文章中寫道。「然後你會感到驚訝，因為當你開始問自己：『這是真的嗎？』你往往不會馬上回答『是』。如果你有一絲的想像力，你很有可能會得到數不盡的線索。」

獨立思考是困難且混亂的，往往不受歡迎，但卻能解放人心。我們之所以屢屢犯錯，是因為我們在乎群眾的意見，並相信任何「知識暴徒」認為有價值的事。無論結婚、生子、辭職、創立公司和用刀叉吃披薩都存在所謂「對的時機」。

這些是誰決定的？希望答案是**你自己**。

成功人士如何釐清思緒

尼爾・德葛拉司・泰森

如果有人想向你推銷可以治百病的水晶，你會有什麼反應？你會毫無保留地相信還是立刻拒絕呢？

物理學家尼爾・德葛拉司・泰森（Neil DeGrasse Tyson）說，這兩種反應都犯了思考怠惰的問題。懷疑的態度是對抗草率思考的良藥，讓你必須追根究柢，找出支持這項論據的證據。「真正的懷疑論者會質疑他們不確定的事，但當令人信服的證據出現時，他們也會意識到這一點，進而改變他們的想法，」泰森說，「這是通往真理的探索之路。」

他建議我們在日常生活中應用這些科學方法。泰森說，很多人已經失去判斷真偽的能力。

他認為，我們必須在我們的世界中持續探尋客觀的真理。「盡全力確保自己不會被誤導，以為某些假的事情是真的，或以為某些真的東西是假的。」泰森說。

這代表你必須觀察、提問、檢驗你的假設，並推導出合乎邏輯的結論。

安妮・杜克

如果你讓人們彼此交談，他們最終幾乎都會達成共識。因此，如果有幾個人要面試一位求職者，最好的方式是請他們各自寫下對這個人的看法，然後再相互討論。

這也就是說，偏見是會傳染的。「如果我想知道你真實的看法，」決策科學作家和職業撲克選手安妮・杜克（Annie Duke）表示，「我不應該先告訴你我的想法。」

清晰的思考非常重要，為什麼？改善自我本身**就是**一個積極的目的。不過不僅於此。我們將在下一章發現，世界上的成功人士往往會建立強大的社群，進而帶來真正的改變。讓我們來看看他們是如何辦到的。

釐清思緒的祕訣

- 了解反駁自己想法的最強論據，避免成為自身想法的奴隸。
- 對知識的錯覺比無知更可怕。懷疑的態度和知性謙虛不是軟弱的表現，而是力量的象徵。

如果我想知道你真實的看法，我不應該先告訴你我的想法。

——安妮・杜克

- 我們都在參與地位遊戲，注意每場遊戲如何影響或獎勵自己，你就能避免有害或無意義的遊戲。
- 士兵心態是不計一切代價取得勝利，但更好的是偵察心態，也就是不計一切代價追求正確的資訊。
- 思考那些讓你改變想法的時刻，讓自己變得更像偵察兵。將你的想法與自己切割開來，這樣當你的想法受到攻擊時，就不會那麼痛苦。將客觀本身視為最終目標，而不是一味追求正確。在與他人爭論時，避免為別人貼標籤。
- 最好將所有想法想像成一個灰階，跳脫非黑即白的思考框架。
- 把想法視為一道道謎題，問自己：這是真的嗎？然後持續追問下去。重點不是在想法中找出問題，而是在過時或有漏洞的想法中找出新的點子。這個過程令人振奮，而且十分有效。

第八章

打造充滿活力的社群

說到「孤獨」，你或許不會聯想到超級英雄。方基墨（Val Kilmer）是一九九〇年代的好萊塢巨星，他飾演過蝙蝠俠、冰人、哈勒戴醫生和傳奇歌手吉姆・莫里森（Jim Morrison）。一九九五年，他每部電影的片酬高達六百萬美元。但隨著時間過去，方基墨變得愈來愈離群索居，如今他承認自己「每天都會感到孤獨」。

無論你是國際知名演員還是獨居老人，「孤獨」都是人類普遍的經歷。但和「獨處」不同的是，「孤獨」通常不會令人感到愉快。

為了消除孤獨感，人們開始求助占星學，並參與研發孤獨藥的臨床試驗。在日本這個世界人口老化最嚴重的國家，孤獨的老年婦女在商店行竊，只為了尋求社群和監獄的穩定感。

我們可能活躍於好幾個社群平台，但我們仍迫切需要人與人之間的聯繫。

我們渴望消除孤獨感，成為更大、更有意義事物的一部分，那麼身為社群的一員，要如何強化與既有成員之間的聯繫？更棒的是，如何從零開始建立一個忠誠又充滿活力的社群，將志同道合的人凝聚起來？

消除孤獨感

一想到「孤獨」，我往往會想起《滾石》雜誌（*Rolling Stone*）對馬斯克的專訪。在這篇人物專訪中，這位身為億萬富翁的企業家談到他和作家賈絲婷．馬斯克（Justine Musk）、演員妲露拉．萊莉（Talulah Riley）的婚姻，以及他和演員安柏．赫德（Amber Heard）的分手過程。在訪問過程中，馬斯克搖頭苦笑：「如果我沒有談戀愛或沒有長期的伴侶，我就不會快樂。」

記者解釋說，當你非常需要一個人，以至於沒有對方就覺得自己一無是處，這叫做「共依附」（codependence）。馬斯克反駁道：「這不是真的。沒有人陪伴，我永遠無法快樂。一個人入睡對我來說是種折磨。」

記者指出，馬斯克的話也有幾分道理。在金字塔頂端是孤獨的，但並非每個人都是如此。在發跡之前就感到孤獨的人，功成名就後往往也會感到孤獨。那麼我們應該做些什麼，確保自己不會變成焦慮又孤獨的億萬富翁呢？

正如馬斯克故事告訴我們的，孤獨是主觀的感受。是的，我們人際關係的品質很重要，但更重要的是我們如何看待這些關係。讓我們來深入探討這個問題。

首先，我們來談談「孤獨」和「獨處」的差別。你或許心想：「我們身處在這麼多社群網絡之中！我們怎麼可能還迫切需要人與人之間的連結呢？」

其實我們的孤立常常是自己造成的。我們渴望有人陪伴，卻又樂於獨處。正如喜劇演員約翰・慕蘭尼（John Mulaney）所說：「有時候我和別人聊天，我會說：『是啊，我最近很寂寞。』這時他們會說：『那我們一起出去玩吧！』我就會說：『不，我不是那個意思。我根本不是那個意思。』」

社會告訴我們，獨處是件好事，這是**愛自己**的方法。當朋友正經歷一段艱難的時期，我們會將孤獨包裝成一種解藥。剛經歷慘烈的分手嗎？拿起一本《享受吧！一個人的旅行》，然後展開一個月的內觀冥想吧。這禮拜工作很辛苦嗎？給自己倒杯酒，取消所有計畫，然後瘋狂追劇，直到整個人麻木為止。

我們的社會文化傳遞著相互矛盾的訊息，因為我們搞不懂「孤獨」與「獨處」之間的差別。「獨處」有助於我們調節情緒，而「孤獨」卻讓我們情緒低落。研究孤獨影響的教授約翰・卡喬波（John Cacioppo）說：「**客觀的孤立**與**感知到的孤立**有很大差別，感知到的孤立就是孤獨。」

我採訪過作家蘿拉・恩蒂斯（Laura Entis），她多年來一直在報導各種形式的孤獨，以及有關孤獨的科學知識。她解釋客觀孤立與感知到孤立之間的差別。

「孤獨就是自己感覺到與社會隔絕，或者說你理想中的社會關係與你感知到的社會關係存在差距，」恩蒂斯說，「一個人的時候當然有可能感到孤獨，但『在人群中感到孤獨』也可能是真的。如果你渴望情感的連結，卻感受不到自己與周圍的人有親近的感覺，即使你身邊有再多人，你仍然是孤獨的。」

恩蒂斯解釋，評估我們人際關係的性質會有所幫助。如果我們的朋友不多，卻對這些關係感到滿意，那我們就不太可能會感到孤獨。「只有當我們想要的人際關係與我們感覺到的人際關係存在差異時，我們才會覺得孤獨，這就是為什麼有些人可以獨自生活，卻不會感到孤獨。」恩蒂斯說。

這就解釋了為什麼有錢、有人脈、有名聲的人會發現自己陷入孤獨的無底洞。

例如，萊恩·利夫（Ryan Leaf）在美國國家美式足球聯盟效力時，只重視三件事：金錢、權力和聲望。但在數度遭球團釋出後，他開始止痛藥成癮，試圖自殺，並犯下竊盜罪。

結果是什麼救了他一命？三十二個月的監禁。他開始上監獄圖書館並教獄友讀書，才從此走出人生的陰霾。「你會覺得這是你人生中第一次為他人付出，」利夫寫道，「世界不是圍繞著你轉。你的自戀心態開始漸漸削弱。」

這是有道理的。

加州大學洛杉磯分校教授史提夫・柯爾（Steve Cole）的研究顯示，要打破長期孤獨的循環，最有效的方式之一就是追求一個更遠大的目標或使命感，而且這件事最好需要人際之間的互動或合作。

「也許是當志工、追求靈性，或在工作中完成一項有意義的任務，」恩蒂斯說，「將重心放在共同的願景，尤其是你非常在乎的願景，這能幫助我們孤獨的大腦跳脫自我挑剔的循環，讓我們卸下心防，建立新的人際關係。」

換句話說，我們可以建立關係緊密的社群，藉此消除心中的孤獨感。

但重點在於：我們已經生活在充滿各種社群的世界裡。我們追求的不只是社群，還有歸屬感、忠誠與意義。

成功人士如何打造社群

詹姆斯・克利爾

《原子習慣》作者詹姆斯・克利爾多年來一直在研究習慣，他最重大的發現是，改變習慣最有效的方法，是改變**身分認同**，而我們的身分認同會因為不同的社會環境而產生變化。

這就是為什麼克利爾強調要加入提倡合作而非競爭的團體。「放下比較的心態，試著找到跟你合得來、能一起合作的夥伴，這樣你們就能一起進步，」克利爾告訴我，「如果在團體中，成員間都具備你渴望養成的習慣，就會產生一股強大的力量，帶領你們一起邁向成功，而非彼此衝突。」

布萊恩・史蒂文森

平等司法倡議小組共同創辦人布萊恩・史蒂文森（Bryan Stevenson）被稱為「死刑犯律師」，因為在過去三十年間，史蒂文森的團隊成功讓超過一百三十五位遭誤判的死刑犯獲釋。

史蒂文森專門替社會最弱勢的族群辯護，像是少年犯、遭誤判的人，以及請不起好律師的窮人。

每天都有不公的事情發生，但我們卻看不到，只因為我們被局限在單一且受到保護的社群裡。為了更了解其他人的觀點，史蒂文森建議踏出原本的社群，去造訪收容所、到食物銀行當志工，或幫助正經歷艱難時期的人。

「我們必須接近苦難，去了解那些遭受不公待遇的人所產生的細微感受，」史蒂文森在《不完美的正義》（*Just Mercy*）書中寫道，「如果你願意接近那些受苦的人們，你就會找到改變世界的力量。」

建立忠誠度

在這高度互聯的世界裡，我們喜歡炫耀自己社群帳號的追蹤數，吹噓自己有能力「打造由忠實粉絲組成的社群」。

但這麼說並不準確。我們所說的「社群」，其實指的是「受眾」。該如何區別這兩者？作家克里斯．布羅根（Chris Brogan）說得很清楚：「受眾與社群之間的差別在於椅子擺放的方向。」

因此，假如你想知道自己打造的是受眾還是社群（無論規模大小），只要問問自己：我是在單方面進行交流，大家只聽我一個人說話，還是圈子裡經常有很多人在活躍地對話？

受眾指的是可能對你製作內容感興趣的人，這些人或許會聽你的播客頻道、讀你的電子報或在推特上追蹤你。你的**社群**則是由志同道合的人所組成，大家受到共同的目的或興趣所驅使，他們在吸收你製作的內容時，也會定期與你和其他社群成員互動。

提到最狂熱的網路社群，你會想到誰？女神卡卡的「小怪獸」（Little Monsters）？碧昂絲的「蜜蜂軍團」（Beyhive）？還是泰勒絲的粉絲「Swifties」？這些都是忠心耿耿、宛如邪教般的粉絲社群，看似像一群受眾，但實際上都是獨立的小型社群。

受眾與社群之間的差別在於椅子擺設的方向。

——克里斯・布羅根

我們先從女神卡卡開始談起。女神卡卡剛出道時，和經紀人特洛依・卡特（Troy Carter）合作。她和卡特制定了一套「前五十名策略」，也就是尋找前五十名最死忠的粉絲。

女神卡卡最初是在紐約的 LGBTQ 社群走紅，因此她每晚都會在四、五間俱樂部表演，確保她的死忠粉絲能與她個人建立連結。女神卡卡會在社群媒體上與粉絲互動，在演出現場與他們見面，並聽取他們的回饋意見。女神卡卡沒有像她的同行一樣專注在她的受眾，而是將重心放在打造具有相同價值觀的社群。

這種關係變得愈來愈緊密，最後女神卡卡的「超級粉絲群」就像滾雪球一樣愈滾愈大，在世界各地擁有數以億計的粉絲。卡特如此解釋女神卡卡的發展策略：「這就是小火慢燉和微波爐之間的差別。」

泰勒絲也是在全球建立忠實粉絲群的高手。

泰勒絲會找出她最死忠的粉絲，讓他們覺得自己是現場最重要的人。在她的專輯《1989》和《舉世盛名》（*Reputation*）發行之前，她舉辦一系列名為「祕密試聽會」的活動，並親自在網路上尋找最死忠的粉絲，邀請他們來自己家裡聽歌。

泰勒絲會為他們做餅乾、播放她尚未發行的新歌給粉絲聽，並與每位與會者合影留念。另外，泰勒絲挑了幾位粉絲，從他們社群帳號的個人檔案中了解粉絲的喜好，並為他們送上獨特的禮物。泰勒絲甚至會在粉絲的婚禮上驚喜現身。雖然你可能會說這些善意的舉動規模很有限，但這正是讓明星展現親和力、建立粉絲終身忠誠度的關鍵。

當然，這些名人都希望展現親和力並建立粉絲忠誠度，但我之所以舉這些例子，是想說明藝人的受眾其實是由圍繞著共同興趣（熱愛藝人音樂）的小型社群所組成。

那要如何打造小型社群呢？當你從零開始建立社群時，你必須做到關鍵三件事來建立終身的忠誠度：一、**為社群成員提供額外的服務**；二、**營造友好環境**；以及三、**創造偶然的驚喜時刻**。

讓我舉個例子，和你們分享我剛開始寫《人物誌》電子報時所做的事。當時電子報規模不大，我偶爾會看到表示支持的推文，但並沒有任何**真正的**社群，我也從未見過我的讀者們。

因此二〇一九年，我寄了封電子郵件給我的訂閱者：

「我相信社群是孤獨的解藥，這份電子報正是活生生的例子。我每週都能與你們進行最有趣、最深入的對話。但可惜的是，我們不能在同一個地點面對面分享彼此的看法。所以我想做個實驗來改變現況。」

我花了一週製作一份表格，按城市將讀者進行分類，逐一寄信邀請他們參與會面。最後，讀者們相約在十二月同一個週末在**世界各地**相會。

我們在紐約、聖地牙哥、倫敦、新加坡、孟買和奈洛比舉行聚會。讀者們選擇不同的活動，有些約在紅酒吧，有些一起去藝術博物館，還有人則是相約去野餐。

當我問這些訂閱者**為什麼**想和其他電子報讀者見面時，很多人的回答一開頭都是這句話：「我一直覺得很寂寞……。」許多人都希望與其他有共同興趣的人建立連結。

雖然這些聚會的規模不大，有些只有兩、三人參加，但聚會之所以成功是因為這些相遇很有意義。身為籌辦人，我親自寄信給世界各地的讀者，並為他們牽起友誼的橋梁，為社群成員**提供額外的服務**；出席在紐約舉行的見面會，**營造友好環境**；並為讀者**創造偶然的驚喜時刻**，否則他們之間永遠無法產生聯繫。

見面會結束後，一位在肯亞參與活動的讀者寫信告訴我：「我們以讀者的身分相遇，最後卻成為朋友。」

別忘了，社群的重點並不是追蹤人數或受眾規模，社群的意義在於將那些可能從未有過交集的人連結起來，並培養忠誠度。

成功人士如何打造社群

馬克・洛爾

連續創業家馬克・洛爾表示，在創業初期，你必須以打造「讓客戶著迷的產品」為目標。「打造客戶喜愛的產品是最困難的部分，接著你可以用逆向倒推的方式來創造顧客想要的體驗，進而獲利。」洛爾說。

當洛爾創辦Diapers.com時，他想為不堪重負的父母解決一個大問題：他們希望尿布能盡快送達，而且不必支付加價費用。洛爾的公司保證能以同等價格將成箱的尿布在隔天送達消費者家中，並提供三百六十五天的商品退換貨服務，更即時回覆客戶訊息，而且這一切服務都不收會員費。

「這種體驗不僅創造出一種購物偏好，更讓消費者與我們的品牌建立情感連結。」洛爾說。但創造這種體驗無法帶來立即的獲利。「要將賭注押在長期的回報上似乎有點嚇人、有些冒險，但事實上，將資金和時間投入到顧客認為很普通的產品，其實風險更大。」洛爾說。

確保客戶對你的產品愛不釋手，讓你與客戶的關係「不只是朋友」。

建立情感連結

「紐約人」部落格粉絲專頁的留言區被稱為「網路上最美好的地方」。攝影師布蘭登．斯坦頓在個人頁面上分享動人的肖像照，而他線上社群的成員也積極與他的作品互動，留下善意又鼓舞人心的評論。

二〇一二年，這個粉絲專頁擁有六萬四千名粉絲。十年後，這個社群已經在社群媒體上集結超過兩千萬名粉絲。

斯坦頓成功在網路世界**與**現實生活中建立社群，這是因為他運用了他的隱形天賦：將同理心做為行善的工具。他很早就發現，打造社群的基礎是在成員之間**建立情感連結**。

「『紐約人』的成功部分得歸功於臉書的演算法，這已經不是什麼祕密。「這幾年來，我每天都會發布四張照片，每一天都是如此，」斯坦頓告訴我。「『紐約人』的發展和臉書的崛起不謀而合。」

二〇一二年，臉書公司進行一項研究，他們的資料科學家控制了六十八萬九千零三名使用者的動態消息。在一整週的時間裡，其中一組使用者只看到負面的貼文，另一組則只看到正面的貼文。實驗目的是為了研究這些貼文對使用者的情緒影響。

資料科學家發現**情緒傳染**的證據。就像你會感染重感冒一樣，你也會被不好的情緒傳染。

「當正面的資訊減少時，人們會發布更少正面貼文，更多的負面貼文；當負面的資訊減少時則會出現相反的模式。」《美國國家科學院院刊》（*Proceedings of the National Academy of Sciences*）論文指出，「這些研究結果顯示，其他使用者在臉書上傳達的情緒會影響我們自己的情緒，代表社群媒體上確實會發生大規模的情緒傳染。」

「紐約人」因為這種情緒傳染現象而受惠，其中關於力量、救贖與愛的親密故事，足以讓粉絲與受訪對象以及「紐約人」形成情感連結。「與成功相比，我們更能因彼此的苦痛產生連結。」斯坦頓說。

然後就發生「坦奎瑞」（Tanqueray）的故事。二〇二〇年，斯坦頓發表三十二篇有關史黛芬妮．強生（Stephanie Johnson）的動人故事。七十六歲的強生曾在一九七〇年代擔任歌舞秀舞者，她的藝名是「坦奎瑞」。

最近，強生的健康狀況急轉直下，因此斯坦頓發起了募款行動以支付她的醫療費用。強生的故事感動了「紐約人」社群裡十幾萬名陌生人，他們在短短幾週內就捐出高達兩百七十萬美元的善款。

也就是說，只要情感夠強大，就能促使人們**採取行動**。

正如史提夫．柯爾的研究指出：戰勝孤獨的關鍵在於追求一個比自己更遠大的目標。在政治分裂的社會氛圍下，坦奎瑞的募款行動讓世界各地的陌生人團結起來，以有意義的方式來幫助自己的同胞。

那如何讓你的社群成員投入感情呢？

答案是真誠。

斯坦頓的受訪對象往往會對「紐約人」的社群敞開心房，但除此之外，斯坦頓本人也如實分享他如何以特別的方式與坦奎瑞成為朋友，解釋了她病情的嚴重性，並向大家說明將如何使用這筆捐款。

孤獨存在於我們每個人內心深處，而陌生人就像一面鏡子，能讓我們看見自己不完美的倒影。一旦我們對這些陌生人的故事投入感情，就能以更遠大的目標為基礎來建立緊密的社群。

「要真正認同某人，並對他們產生憐憫同理，你必須發現他們身上的痛苦，你也曾感受過同樣的痛苦，儘管原因可能不盡相同，」斯坦頓告訴我，「我認為這就是為什麼別人奮鬥的故事，尤其是坦奎瑞的故事能夠觸動人心的原因。真正了解他人的痛苦，就是在他們身上看見自己。」

成功人士如何打造社群

克莉絲蒂娜・托西

Milk Bar 甜點店創辦人克莉絲蒂娜・托西把自己做餅乾的嗜好變成價值數百億美元的事業：Milk Bar 是大獲好評的甜點帝國，吸引來自世

> 真正了解他人的痛苦，就是在他們身上看見自己。
>
> ——布蘭登・斯坦頓

界各地的顧客。

托西認為，任何成功的餐廳或烘焙坊都是藉由美食體驗與顧客建立情感連結。Milk Bar 的目標是透過風味、口感和美學來喚起人們懷舊和愛玩鬧的一面。

一旦人們對品牌投入感情，他們就會從顧客轉變為社群成員。正因如此，當他們發現公司或領導人有不當行為或錯誤時，會覺得自己有權追究責任。

一款名為「快克派」（Crack Pie）的甜點是 Milk Bar 的明星商品，成功讓 Milk Bar 一炮而紅。二〇一九年，托西的烘焙坊卻因這個名字而引發反彈，這個名字以幽默的方式比喻派讓人愈吃愈上癮，卻影射了一九八〇、一九九〇年代普遍流行的快克古柯鹼，當時這項毒品對黑人社群產生極為嚴重的影響。

結果托西並沒有發布新聞稿，而是直接寫了一封信給 Milk Bar 社群，解釋會將產品名稱改為「Milk Bar 派」。托西明白傾聽社群、接受他們批評、調整公司策略並承擔個人責任相當重要。

羅恩・芬利

「黑幫園丁」羅恩・芬利改善社群的方式始於一種情緒：憤怒。

二〇一〇年，芬利環顧自己的社區，發現到處都是酒類專賣店、速食餐廳和閒置的空地。他不喜歡這裡的樣子，於是決定自己動手改變。

但他的任務很短命，因為他觸犯法律……原因是他種了菜。芬利家在洛杉磯中南部，他在自家房子和街道之間的小空地種植水果和蔬菜。有人投訴他違反洛杉磯法規，因此市政府給了他一張傳票，並下達最後通牒：把菜園移走，否則傳票將變成逮捕令。

因此芬利決定展開抗爭。結果他不僅獲准繼續種植蔬菜水果，市府更修改法律，並鼓勵他在附近低收入的「食物沙漠」*打造更多菜園。

芬利將自己的憤怒轉化為更大的使命，也就是「親手種下自己的食物能給你力量。一旦你擁有力量，就沒有人能將它奪走。」

* 指很難取得或無法負擔生鮮食物的地區。

當然，你想做的不只是創造自己的社群，你也想成為其他社群的一員，成為有眼光又有參與感的消費者，專注在重要的內容，並從你吸收的資訊中獲取最大利益。在這方面，成功人士也有一些有趣的策略。

打造活力社群的祕訣

- 人際關係的品質很重要，但我們如何看待這些關係也會產生很大的影響。
- 獨處與孤獨之間的差別就是客觀孤立與感知孤立之間的區別。
- 為他人付出是治癒孤獨的良藥。追求比自己更遠大的目標，也就是找到共同的願景。這個方法能分散我們的注意力，讓大腦跳脫自我挑剔的循環。
- 加入聚焦合作而非競爭的團體。
- 受眾和社群是兩回事，後者更為強大。世界上一些受歡迎的藝人一開始都是尋求建立社群，而非受眾群。
- 透過為社群成員提供額外服務、營造友好環境、創造偶然的驚喜時刻來打造社群。
- 同理心是行善的工具。
- 建立情感連結是社群的核心，而真誠則是情感連結的核心。

第九章

掌控你吸收的資訊

過去幾年，我最大的體悟很簡單，卻很容易受到忽視：你吃什麼，就會像什麼；**你吸收什麼資訊，就會成為什麼樣的人**。

我們多數人都願意投資自己的健康，卻往往忽略我們的「資訊攝取」，也就是我們每天為大腦所提供的資訊。

例如，美國人每天平均花十一個小時使用媒體，但近幾年這個數字達到史上最高的十三小時。

吸收垃圾資訊、聳動文章和社群媒體貼文容易讓人陷入無法自拔的漩渦，讓你陷入破壞性思考的模式。那我們可以透過掌控我們身體**和**大腦所吸收的資訊，漸漸邁向健康的生活嗎？世界上最成功的人士是如何辦到的？

升級你的大腦軟體

大腦，SpaceX 的執行長馬斯克將其比喻為電腦。

我們大腦的「硬體」是我們與生俱來的智慧與天賦；而我們大腦的「軟體」則是我們的信仰系統與思考模式，馬斯克認為，「軟體」是我們人類所擁有最重要的工具。

馬斯克在推文中建議，人們必須培養更好的「大腦防火牆，以抵禦不斷朝我們襲來的各種資訊」，他還認為批判性思考應該列入中學的必修課。「你大腦中運作的軟體是誰寫的？你確定你想用這個軟體嗎？」

而這個思考框架正是馬斯克的隱形天賦，他擅長尋找並吸收優質的資訊，定期升級大腦內的軟體。如果你把大腦想像成 iPhone，我們每個人或許都擁有相同的**硬體**，但如果不定期更新並使用最新的**軟體**，我們就會被遠遠拋在後頭。（就像有些人的大腦是用 iOS 13，有些人的大腦還停留在 iOS 7。）

但需要注意的是：偶爾沉迷於沒營養的實境秀或糟糕的浪漫愛情喜劇並不會讓你的軟體運行速度變慢，長期吸收平庸的內容才會。

你大腦中運作的軟體是誰寫的？你確定你想用這個軟體嗎？

——伊隆・馬斯克

《紐約時報》專欄作家大衛・布魯克斯（David Brooks）提出了「**最高品味理論**」（**theory of maximum taste**），他認為每個人的思考是由其上限所決定的，也就是一個人習慣吸收且能夠吸收的最好內容。

「這個理論基礎是，接觸天才有助於拓展你的意識，」他在一篇名為〈過於真實以致無法親自發表的畢業致詞〉（A Commencement Address Too Honest to Deliver in Person）的專欄文章寫道，「比起花時間在乏味的事物上，如果你花很多時間與天才相處，你的思考會變得更寬廣、更博大。」

在大學時，你不得不將那些優質的想法注入大腦。教授會出很困難的作業，而你必須寫作業來論證你或許同意或不同意的論點。然而，在我們離開大學後，許多人就停止學習了。我們停止閱讀。我們停止產生新的想法。

「我們被生活瑣事淹沒，認為推特和新聞對我們來說就夠了，」布魯克斯寫道，「我們的最高品味縮水了。你有沒有發現，你認識的人當中，有七成的人在三十歲時比二十歲時更無趣？」

你可以想一想這個問題：你思考的上限是不是比大學時期還低？如果你誠實檢視你吸收的內容，你就會找到答案。

成功人士如何掌握資訊

布魯內羅・庫奇內利

改變時裝大師布魯內羅・庫奇內利人生的一本書是馬可・奧里略（Marcus Aurelius）的《沉思錄》（*Meditations*）。「我經常重讀這本書，其實我前幾天才剛讀過，」庫奇內利說，「我二十五歲時會在書中的某些段落畫線，到了三十歲時則畫其他的段落，現在我五十幾歲了，讀起來又是完全不同的感受。」

在生命的不同階段重讀一些書，你會發現一些你可能忽略的地方。

檢查你所讀取的內容

二〇一九年，我有意識地決定提升獲取資訊的品質，這對我的心理狀態帶來莫大的影響。

首先，我**檢查自己所讀取的內容**：我誠實檢視每天所吸收的資訊。我讀了什麼？看了什麼？我聽了什麼？我和哪些人相處？

接著，我訂了幾個規則：我會少看一些膚淺的新聞報導，多看一些長篇文章。我會少看實境秀，多看紀錄片。我會把我的談話限制在一成的閒聊和九成的實質內容。

最後，我實際運用這些規則。我刪除手機裡一些社群媒體應用程式。我不再無意識地滑手機。我用Pocket和Notion來儲存有趣的文章、播客節目以及我想看的影片訪談。

我加入一些社群，和喜歡腦力激盪、討論新想法的人相處。我在跑步時收聽優質的播客節目。我推出每週一次的「THE PROFILE檔案」深度專訪，讓我能近距離了解擁有有趣人生的受訪者。我也開始進行訪談，以展開更激勵人心的對話。

如果你沒有吸收資訊的策略，就這樣庸庸碌碌度過一天，你很有可能陷入充滿片面意見的同溫層。在網路上，我們是社群平台的一份子，而這些平台往往會強化我們既有的觀念。如果你在Google上輸入一個問題，你會看到最熱門的搜尋結果。

那你該如何發現新內容、培養新想法呢？

作家麥爾坎・葛拉威爾（Malcolm Gladwell）說，你需要創造一個能讓你掉入「知識兔子洞」＊的環境。

葛拉威爾建議你這麼做：首先，到那些能激起你好奇心的城鎮或建築物附近走一走，試著注意你不曾注意過的東西。接著去逛圖書館，找出你以前喜歡讀的書，然後看看書架附近還有什麼新東西。最後，瀏覽書本或文章中的註解，因為這些註解往往會引導你找到其他的資料來源，幫助你深入了解相關主題。

一旦牽涉到你的大腦，你必須擺脫自動導航模式。

成功人士如何掌握資訊

珊達・萊姆斯

多年來，節目統籌、編劇和執行製作珊達・萊姆斯（Shonda Rhimes）已學會如何凝聚一群朋友和同行，激勵她成為最好的自己。「我的眼光變得銳利無比，」萊姆斯在《這一年，我只說 Yes》書中寫道，「我現在試著觀察人們真實的模樣，不是把他們當成我筆下的角色，而是去欣賞他們自己寫下的人生。我看見他們真實的一面，也看見

* 典故來自《愛麗絲夢遊仙境》，描述陷入某種處境，或進入一個截然不同世界的感受。

和他們在一起的那個我。」

因為重點不只是讓你身邊圍繞著對你好的人，還要讓自己身邊圍繞著那些「重視自我價值、尊重自我，以及擁有特定價值觀而啟發你提升自我」的人。

萊姆斯強調，你必須找出自己的弱點，並找到能力與你互補、可以幫助你彌補盲點的人。例如，萊姆斯說自己不是天生的領導者，也從沒學過如何管理公司，因此為了經營自己的公司，她雇用一些擁有特定強項的人，來彌補她的短處。

我們吸收的內容主要源自於我們重視的人所具備的觀點、我們吸收的話語。

喬・卡巴金

在檢查你所獲取的內容時，重點是找出一天中的干擾元素。正念減壓法創始人喬・卡巴金（Jon Kabat-Zinn）說我們活在分心的時代，學會覺察很重要。

那麼該如何做到這點呢？

首先，先進入手機中的設定，查看你的螢幕使用時間。上面顯示你每天花多少時間滑手機？更重要的是，上面顯示你每天拿起手機多少次？平均而言，人們每天查看手機三百四十四次（相當於每四分鐘一次）。

如果你有一些空閒時間，請試著抵抗用滑手機或購物來消除無聊的衝動。試著跑步時不聽音樂，散步時不帶手機，或只是靜靜觀察你周遭的環境。

選擇你輸入大腦的內容

泰拉・維斯托（Tara Westover）在十七歲時第一次踏進教室。

維斯托出生於愛達荷山區的摩門教家庭，從小與主流社會隔絕。她的父親極度不信任政府，甚至禁止家人到醫院看病或到學校上學。

維斯托動蕩不安的家庭生活充滿暴力，她受到哥哥精神和身體上的虐待。她必須掙脫重重束縛，而教育是她的救贖。

維斯托透過自學苦讀大學入學考，最終考上楊百翰大學。在大學裡，維斯托學習歷史，第一次認識到猶太人大屠殺和美國民權運動等歷史事件。

維斯托從小認為父親說的話就是真理。在她成長的家庭裡，男性擁有權力和影響力，女性只能順從，而高等教育根本就是在浪費時間。直到後來，她才意識到自己有種族主義、恐同和性別歧視的觀點。維斯托說能讓她改變想法的唯一方式，就是讓她大聲說出自己的觀點，這能讓她明白自己再也不想說這些話了。

「這些話其實不是我說的，」維斯托說，「這些話來自別處。」

維斯托接受了父親的世界觀，也就是說，她把父親的「軟體」下載到自己的大腦裡。直到她上了大學，她才問自己一個類似馬斯克所提出的問題：「你大腦中運作的軟體是誰寫的？」

當維斯托開始閱讀新的材料，並質疑那些曾經視為理所當然的觀點，她才開始**選擇**自己輸入大腦中的內容。「當時我正在學習的技能十分重要，也就是耐心閱讀我還無法理解的東西，」維斯托說。

這麼說是有道理的。作家麥特・海格（Matt Haig）說，閱讀可以是一種治療方式。海格在二十四歲時開始有自殺的念頭，之後他搬回父母家，閱讀青少年時期讀過的書來轉移自己精神上的痛苦。

閱讀讓他開始以寫作作為宣洩情緒的管道。「書本能救你一命，」海格說，「人們讀書不僅僅是為了逃避，而是為了替自己尋找新的道路。我們以為自己身在只有一個房間的屋子裡，但書本能讓我們意識到我們身處豪宅之中。閱讀能讓我們找到自己迷失的一角。」

在檢查你所吸收的內容後，你可以開始**重新布置你的生活環境**，幫助你更容易產生新的想法。我和詹姆斯．克利爾聊天時，他告訴我，他書桌上擺著十七本書。「我盡量讓身邊充滿好的資料來源。」克利爾說。

我們以為自己身在只有一個房間的屋子裡，
但書本能讓我們意識到我們身處豪宅之中，
閱讀能讓我們找到自己迷失的一角。

——麥特．海格

克利爾的書桌、床頭櫃和客廳的茶几上都擺著書。「我從不讓自己遠離好的想法，」他說，「多數想法都不是我的，但它們總是在我的身旁，供我依靠、吸收、思考和反覆辯證。這就是我安排生活環境的方式，這能讓我產生好的想法。」

別忘了，思想是人類進步的命脈，而好的想法往往不存在於主流社會。就像作家村上春樹所說：「如果你只讀別人都在讀的書，你也只能想到每個人都想得到的事。」

成功人士如何掌握資訊

伊蒂特・伊娃・伊格

你輸入大腦的東西會直接影響你的思考和行動。當心理學家、同時也是納粹大屠殺倖存者的伊蒂特・伊娃・伊格和家人坐上前往奧斯威辛的火車時，她的母親告訴她：「我們不知道我們要去哪裡，也不知道接下來會發生什麼事，但沒有人能奪走妳腦中的想法。」

每當她感到絕望時，她會想像一個更美好的現實世界，為自己的大腦注入愉快的感受。你的想法決定了你的感受，也決定了你會成為什麼樣的人。

湯姆・布雷迪

發炎反應是身體為了自癒，而與那些攻擊它的外來物展開對抗。美國國家美式足球聯盟四分衛湯姆・布雷迪（Tom Brady）相信，傷害身體的方式有很多種，像是受傷、不健康的食物，甚至是有害的想法。「這很簡單，你必須控制身體的發炎反應，無論是透過飲食、營養或你的思想。」布雷迪說。而均衡的攝取同時適用於食物**以及**資訊。

> 你必須透過飲食、營養或你的思想來控制身體的發炎反應。
>
> ——湯姆・布雷迪

如果說思想是人類進步的命脈，那你是否想過自己體現了什麼樣的想法？我們的身分往往會受到忽視，然而其中卻蘊含著無限可能。

升級大腦軟體的小祕訣

- 一定要問問自己：你大腦中運作的軟體是誰寫的？你會發現，你的大腦裡安裝了很多不該有的東西。
- 你可以透過尋找並吸收優質資訊，定期升級大腦裡的軟體。
- 你的思考是由其上限所決定的，也就是一個人習慣吸收而且能夠吸收的最好內容。
- 誠實檢視自己每天所吸收的資訊。你讀了什麼？看了什麼？聽了什麼？和哪些人相處？這麼做可以提升你所吸收內容的品質。
- 要找到新想法，就得踏入「知識的兔子洞」：跟隨你的好奇心，擁抱生命中的機緣，看看生活會把你帶往何處，並有意識地探索自己的身心。
- 布置你的生活環境，並鼓勵新的想法，讓自己圍繞在能激發新點子的書本和事物之中。
- 踏上不尋常的道路，吸收不一樣的知識，否則你的思考只會和別人一樣。

第十章

發現你的隱形天賦

告訴你一個驚人的事實：從生物學角度來看，今天的你並不是童年時的你。你身體的多數部位會隨著時間再生，你的胃黏膜每隔幾天就會再生一次，你的骨骼也是每隔十年再生一次。

這是「忒修斯之船悖論」*的典型案例，這個思想實驗提出一個問題：一旦某個物體的所有部件都被替換，這個物體還是原來的物體嗎？如果隨著時間過去，你逐漸替換掉木船上的每個零件，這艘船還是原來的那艘船嗎？還是這是一艘全新的船？

是什麼決定了你的身分：你的身體、你的大腦、你的外表、你的成就、你的關係，還是你的財產？你認為哪個「你」才是真正的你？是今天的你？明天的你？十年前的你還是十年後的你？

心理學家丹．吉爾伯特在他的TED演講中提出以下觀點：「人類不過是半成品，卻誤以為自己是成品。現在的你和過去的你一樣，都是短暫、一剎那又轉瞬即逝的。我們生命中唯一不變的就是變。」

換句話說，你可以創造自己的身分，因為今天的你不一定是明天的你。

在研究過這麼多成功人士的人生道路後，現在你必須回答一個問題：你的隱形天賦是什麼？你要如何開發這項天賦？

拒絕標籤

二〇一八年，我參加一場新創會議，工作人員幫我安排座位。當時現場非常吵，我只聽到他跟我說，我會坐在「大衛什麼什麼的……你知道，NRA的人。」我心想：「噢，美國全國步槍協會（National Rifle Association, NRA）？我對槍枝一無所知，但我們試著聊聊吧。」

我立刻得出了結論，認為大衛一定是什麼樣的人，他的政治立場是什麼，他會喜歡

人類不過是半成品，卻誤以為自己是成品。

——丹．吉爾伯特

* 形上學領域關於同一性的一種悖論，來自於一世紀的希臘作家普魯塔克提出的一個問題：如果忒修斯船上的木頭逐一被替換，當所有木頭都不是原本木頭時，這艘船還是原本的船嗎？

談論什麼事。

但他讓我驚訝了一下。大衛問起我的工作，我們也聊起會議的內容，他還幫我找到會議手冊中的議程。「全國步槍協會的大衛」非常和藹可親，我們也聊得很愉快。我們完全沒有談到槍枝的議題。

幾個月過後，我在咖啡廳裡看到一篇文章，上面有大衛的照片。我的第一個反應是：「我的天啊，『全國步槍協會的大衛』怎麼會出現在《運動畫刊》？」那篇文章的標題是〈大衛·史騰永不回頭〉。結果我聽錯了。當時坐我隔壁的是已故的大衛·史騰（David Stern）*，他是前NBA總裁，跟美國全國步槍協會根本天差地遠。

但我做了每個人都會做的事：評斷他人並替別人貼標籤。我們可以歸類出許多標籤，像是政治傾向、職業、文化背景和社經地位等。有時我們會自願為自己貼上標籤，有時社會會為我們貼標籤。當我們為自己貼標籤時，標籤就成為價值判斷的指南針。而別人為我們貼標籤時，標籤可能成為某種形式的終身監禁。

一九三〇年代，語言學家班傑明·沃夫（Benjamin Whorf）提出**語言相對論（linguistic relativity）**假說。他認為，我們用來描述眼前所見的語言不只是標籤：語言實際上決定了我們的現實和世界觀。

退伍軍人諾亞・蓋洛威（Noah Galloway）比誰都更清楚標籤的毀滅性力量。在第二次被派往伊拉克的三個月後，蓋洛威開著一輛悍馬車，結果車子輾過一條導火線，引爆路旁的炸彈，這顆炸彈威力之大，將整輛裝甲車拋向空中，最後落入路旁的水溝之中。

蓋洛威在病房裡醒來，發現自己失去了一切。路旁的炸彈奪走了他的左臂、左腿和整個軍旅生涯。

就這樣，蓋洛威回到阿拉巴馬家中，身上多了一個新的標籤：受傷的退伍軍人。他身上的傷痕顯而易見，但真正折磨他的是心理創傷。他陷入重度憂鬱，並開始酗酒。

「你想以退伍軍人的身分而感到自豪，而且沒有人會說退伍軍人的壞話，但說實在的，我們被貼上了這樣的標籤，沒有人會雇用我們，」蓋洛威這麼告訴我。蓋洛威並補充說，電影往往將退伍軍人描繪為支離破碎、心理不穩定的人。

而社群媒體只會加劇這個問題。我們替人們貼上固定的標籤，並認定他們無法改

* NBA前總裁，二〇二〇年因腦溢血過世。

變。人們變成了「癮君子」、「種族主義者」、「社會主義者」和「罪犯」。

羅勃．霍奇（Robert Hoge）從出生那天起就被貼上「醜陋」的標籤。

他出生時，他的媽媽瑪麗問醫生的第一個問題是：「我的寶寶還好嗎？」他不好。霍奇是瑪麗的第五個孩子，出生時臉部正中央有一顆腫瘤，而且雙腿嚴重變形。醫生懷疑是因為瑪麗在懷孕期間服用抗憂鬱藥物而導致霍奇的先天缺陷。

儘管霍奇得到活下去的機會，但生活並不容易，他的童年幾乎是在醫院中度過，而且為了切除腫瘤，他經歷過無數次手術，這些手術讓霍奇的臉變得嚴重畸形。

在學校，他被嘲笑為「牙籤腿」、「變形金剛」、「皮諾丘」、「腳趾鼻」、「矮胖子」和「傑克小豬」。但有一天，霍奇意識到一件事：醜陋本身也可以很美麗。矛盾之處在於美是主觀的，美對不同的人來說有不同的意義。

「我的醜陋是我很重要的一部分，」霍奇在自傳《醜男孩》（*Ugly*）中寫道。「如果你在和我討論這個問題前就試著把我和我的疤痕分開，還不如我一開始就不存在。」

霍奇做了一件事，他建議我們每個人也都這麼做：**收回並重塑**社會為你貼上的標籤。霍奇把「醜陋」這個詞當成說出自己故事的契機。

我們可以透過**「好奇心的濾鏡」**來看待這個世界，用提問與有目的的傾聽來形塑自己的觀點，進而擺脫標籤的束縛。

霍奇告訴我，如果我們刻意忽略人與人之間的差異，我們就會把自己封閉起來，無法展開可以拉近彼此距離的對話。霍奇經歷過最棒的一些對話都是這麼開場的：「這聽起來可能很無禮，但我可以問一下你的臉／鼻子／疤痕／腫塊嗎？」

「對我來說，真正的關鍵是理解好奇心與評斷他人是兩回事，」霍奇告訴我，「有時候可能是同一件事，但通常好奇心不過是好奇心而已。」

別忘了，每當你對他人的經歷缺乏好奇心而直接替他們貼上標籤時，你就過濾了你所見的一切。你讓自己的世界變得更狹小、更簡單，也更無法反映現實。正如小說家童妮·摩里森曾寫道：「定義本身屬於定義者，而不是被定義者。」

> 定義本身屬於定義者，而不是被定義者。
>
> ——童妮·摩里森

凱蒂・阿諾德

凱蒂・阿諾德（Katie Arnold）有個甩開標籤的有趣技巧：找到一項能讓你放下自我的活動。她認為重點是做一些事情，讓我們擺脫社會強加給我們的所有身分。

「我是個作家、跑者、母親和讀者，也是個妻子、夢想家、運動員以及山川和大自然的愛好者，」阿諾德說，「有時候，當我用盡全力、自由自在奔跑時，我就擺脫這些身分。我沉浸在群山和奔跑之間。我變成了跑步本身。」

對阿諾德來說，跑步能讓她超越一切身分與生活中的重擔。「我發現跑步變成更重大的事情，像是一種精神修煉，而這僅僅是個開始。」阿諾德說。

放下自我的方式，就是讓自己沉浸在需要全心投入的活動之中。

凱爾・梅納德

多數人第一次見到凱爾・梅納德（Kyle Maynard）時，很可能會為他貼上「截肢者」的標籤，而不是摔跤選手、混合健身教練、健身房老闆、綜合格鬥選手、舉重運動員和登山家。

我們的假設、判斷和想法為我們的世界染上一層色彩，阻礙了我們以有意義的方式認識彼此。梅納德不會天真地以為，社會會為他貼上一些外表以外的標籤。

然而有趣的是，你無法限制梅納德這種人。「我不只有一種身分而已，」梅納德說，「我不是講者，我不是作家，我不是任何一種人，我甚至也不是企業家。我不在乎這些。我不在乎任何標籤，我不是截肢者，也不是摔跤選手或其他人。」

了解自己不是什麼樣的人

法蘭西斯・納干諾（Francis Ngannou）是世界重量級格鬥冠軍。在綜合格鬥界，人們給他的稱號是「地球上最壞的男人」，而這是有原因的。

他的重拳紀錄無人能敵。納干諾在測量出拳力道的袋子上擊出十二萬九千一百六十一單位的力量，至今仍是世界最重拳擊的紀錄保持人。

「納干諾的出拳力道相當於九十六匹馬力，這相當於被一輛福特房車以最快的速度撞擊的力量，」終極格鬥冠軍賽總裁達納．懷特（Dana White）表示，「這比從頭頂用力砸下的十二磅重錘還有力。我的媽呀。」

身高六英尺四英吋（約一百九十三公分），體重兩百五十七磅（約一百一十六公斤）的納干諾，長期以來一直在鍛鍊身體和精神的力量。

納干諾從小在喀麥隆長大，經歷過一般人難以想像的貧困生活。父母離異後，他與媽媽以及四名兄弟姐妹搬到了祖母家的磚瓦房，所有人擠在一間房間裡。

納干諾家連買紙筆讓他上學的錢都沒有，他也常常因為沒錢吃午餐而餓肚子。

九歲時，納干諾找到一份採砂的工作，每天的工資是一．九美元。這份工作讓他整個人忙了起來，但他的腦袋更忙，因為他一直在做白日夢，夢想有一天能到美國，成為世界知名的拳擊手。這聽起來或許像兒時的幻想，但納干諾卻本能地感覺到幻想可能成真。

正因如此，納干諾對人生的憧憬往往與家人和村裡長輩的期待背道而馳。這讓他被貼上「壞小孩」的標籤，但事實上他只不過是個野心勃勃的孩子。他對移民美國的夢想十分著迷，甚至替自己取了一個綽號，叫做「美國男孩」。

二十二歲時，納干諾準備實行他在腦海裡醞釀了超過十年的計畫。他帶著成為世界拳擊冠軍的夢想離開村莊，到附近城市找了間健身房。「大家都以為我瘋了，」納干諾告訴我，「但我很固執，我的內心深處有個夢想。」

儘管他是個夢想家，納干諾卻很務實地意識到，在喀麥隆的訓練不可能讓他成為世界冠軍。因此二十五歲那年，納干諾變賣所有家當，開啟一段曲折而凶險的旅程，他打算前往摩洛哥，以歐洲作為中繼站，最終目的地是美國。

納干諾穿越撒哈拉沙漠，從喀麥隆出發，行經奈及利亞、尼日、阿爾及利亞到摩洛哥，旅途長達三千英里。

納干諾花了十四個月的時間從摩洛哥到西班牙，他將這次的旅程形容為「地獄之旅」，原因是他試著乘坐一艘人滿為患的小筏漂流到摩洛哥海岸附近的西班牙小島，在當地他可以向紅十字會尋求庇護，但政府當局六度將他抓了起來，不是把他丟回摩洛哥的沙漠中央，就是把他暫時關進摩洛哥監獄。

在這段混亂的旅程中，納干諾始終保持著專注的心態，不斷問自己：「我到底有什麼好失去的？」納干諾堅信，為了扭轉他的人生，這種短暫的痛苦是必要的。

二〇一三年，二十六歲的納干諾抵達西班牙，並在移民拘留中心待了一段時間，但他知道隧道的盡頭是一片光明。納干諾終於實現抵達歐洲的目標，現在他必須努力實現下一個目標：成為職業拳擊手。

在尋找拳擊館的過程中，他來到巴黎，睡在一個有頂棚的停車場樓梯間。納干諾告訴我：「過去十四個月，我經歷了宛如地獄的生活，所以對我而言，（停車場）簡直就是五星級飯店，彷彿宮殿一般。」

納干諾最後找到了一間拳擊館，並引起了教練迪迪耶・卡蒙特（Didier Carmont）的注意。教練建議他在嘗試職業拳擊之前，先試試以綜合格鬥做為謀生之道。但納干諾並不感興趣，原因是：一、他從沒聽過綜合格鬥；二、拳擊才是他的熱情所在，他稱之為「高尚的藝術」。

但彷彿冥冥中注定，這間拳擊館在兩個月後倒閉，因此納干諾加入了另一間名為「綜合格鬥工廠」的健身房，以維持規律的運動。

接下來的事大家都知道了。二〇一五年，納干諾和終極格鬥冠軍賽簽約，搬到美國，成為世界重量級冠軍，但就在幾年前，他甚至不知道這項運動的存在。

納干諾其中一項隱形天賦在於，他從很年輕時就知道，想要了解自己是誰，**你必須先了解自己不是什麼樣的人**。

在喀麥隆，納干諾的父親惡名在外，是個暴力的街頭霸王，還虐待他的母親。「如果說世界上有哪個人對我的生活帶來最大的影響，甚至改變我的人生，那就是我的父親，」納干諾說，「我一生中受過最好的教育來自我父親，他不是教會我該做什麼，而是教會我**不該**做什麼。」

納干諾發誓要過不一樣的人生，他開始**體現出理想中的自己**。他知道自己想成為職業運動員，所以他開始表現得像職業運動員一樣。「在喀麥隆，大家會喝很多很多啤酒，」納干諾說，「但我的夢想是成為拳擊手，所以我想讓自己做好準備，以接受嚴格的訓練，即使當時我根本沒看過健身房長什麼樣子。」

他從不喝酒、抽菸，因為他正在體現出理想中的自己，也就是一位職業運動員。正如詹姆斯．克利爾所說：「我認為改變習慣最有效的方法，就是改變身分認同。」如果你願意相信，你最終就能成為理想中的自己。

最後，納干諾和所有的成功人士一樣：**他們賭自己一把**。

納干諾重視個人自由，而他的行動證明了這一點。他認為終極格鬥冠軍賽的合約並不公平，而他也一直強調終極格鬥冠軍賽的冠軍頭銜並不能定義他。當我問到是什麼定義了他時，納干諾告訴我：

「我認為我只是有賭自己一把的基因。如果你看看我的人生故事，其實就是賭自己一把的故事。你聽過那句話嗎，『有時候，為了跳得更遠，你必須往後退一步。』」

「我知道，有時候你必須重新開始，這非常困難，即使是才華洋溢的人，他們或許也沒有膽量、沒有勇氣重新開始。我認為這造成了人與人之間的差異。」

「人們害怕重新開始。他們害怕失去他們已經擁有的東西。」

因為納干諾經歷了曲折多變的人生，他學會了一件事：他允許自己失敗，因為他知道自己擁有足夠的技能來修正方向。「我知道就算失敗，我也可以不斷從頭再來。我擁有這項技能，就算你奪走我所有的一切，也奪不走我的技能。」

這聽起來或許簡單，但很少人有勇氣去做納干諾所做的事。

一旦我們取得一定的成就，我們往往會安於現狀、沾沾自喜。我們將自己的身分認同建立在工作、人際關係和物質財富上，但這些都是我們可能會失去的東西。隨著時間過去，我們愈來愈不相信自己，並將我們的命運交到別人手中。

這阻礙我們開發自己的隱形天賦：我們害怕賭自己一把。

成功人士如何發現隱形天賦

馬修・麥康納

要知道你是誰，演員馬修・麥康納（Matthew McConaughey）建議你開始執行「身分消除法」，麥康納說消除的過程是弄清楚你真實身分的第一步。

「先排除那些不適合你的身分，你就會發現自己需要什麼。」麥康納說。

例如，你會和經常聊八卦的人相處嗎？你會常常去那些讓你在隔天早上嚴重宿醉的酒吧嗎？如果這些人或這些地方不能讓你展現最好的一面，那就別把你的時間和精力浪費在這裡。

「去掉那些多餘、浪費掉的時間，減少你的選項。如果你這麼做，你會在無意間發現（甚至是天真地發現），透過排除法，最重要的東西就擺在你眼前。」麥康納說。

桃莉・巴頓

一九七〇年代，貓王想錄製鄉村音樂傳奇歌手桃莉・巴頓（Dolly Parton）的歌曲〈我會永遠愛你〉（I Will Always Love You），但貓王的經紀人湯姆・帕克上校（Colonel Tom Parker）想要一半的版權。

巴頓拒絕了，她不願在自己的立場上讓步，因為她知道自己不是一個會放棄自我價值的人。

「我從來沒想過這和我是女人或男人有關。我是個藝術家、創作者，也是個意志堅強的人。」巴頓說。

這是她不願妥協的底線，即使對方是貓王。「拒絕他讓我心碎，但我寧願承受暫時的失望和心痛，也不願忍受明知道是錯誤的事情。」巴頓說。

一旦你確立自己的基本價值觀，你就不會在艱難的情況下違背這些價值觀，因為你對自己許下的承諾比任何機會都來得重要。

賭自己一把

我最討厭的問題是：「你的五年計畫是什麼？」不是因為這是個爛問題，也不是因為這個問題帶有惡意，而是因為沒有什麼事會完全照著我們的計畫走。至少對我來說不是這樣。

成為大一新鮮人後，我的五年計畫是畢業後找到全職調查記者的工作。後來我拿到新聞學學位，卻連一個全職工作機會也沒有，只好搬回家和我媽住了一年。

搬到紐約後，我的五年計畫是找到一份穩定的新聞工作（每個人都說這個說法很矛盾）。結果，這個計畫還真的實現了，但一旦我實現自己的目標，我卻意識到我想做別的事。

我知道就算失敗，我也可以不斷從頭再來。
我擁有這項技能，就算你奪走我所有一切，
也奪不走我的技能。

——法蘭西斯・納干諾

二〇二〇年，我下定決心辭去《財星》雜誌這份安穩的記者工作，將全部心力投入在我的公司 THE PROFILE。當然，在全球疫情大流行和經濟危機的背景下，被隔離在家中撰寫電子報並不在我的五年、五個月或五天計畫之內。但即使在如此混亂又充滿不確定性的環境下，我仍然對自己的決定充滿信心。

為什麼？因為多年來對世界成功人士的研究，我學到了個人生活與職業生涯成功的祕訣。

當你將你的身分和你自己連結在一起，你會擁有最強大的力量。

實際上該怎麼做呢？讓我們來做一個思想實驗。

當有人問你：「你是做什麼的？」你可能會回答你最令人佩服的身分。對許多人來說，答案就是他們的職銜。五年來，我的主要身分是「《財星》雜誌的作家兼編輯寶琳娜．瑪麗諾娃」。

但我無法掌控這個身分，如果有天我被開除或解雇，我或許會失去一切自我價值，而這樣的下場可能會引發精神崩潰。

我為自己做過最棒的一件事，就是在二〇一七年開始撰寫 THE PROFILE 的文章，因為這給了我另一個身分，讓我能盡情做自己的身分。這也是我最終想要全心全意體現的身分。

很多人都會問：「那麼，是什麼推了你一把？你最後如何做出離職的決定？」事實上，我考慮過很多事（或許太多了），但我總是會想起作家安娜．昆德蘭（Anna Quindlen）在一九九九年的畢業演說：「拋開朋友的期待、父母的要求和泛泛之交的需求。拋開社會透過廣告和娛樂產業、透過鄙視和反對所傳遞給你，告訴你應該如何表現的那些訊息。」

「拋開女性是養育者、男性是領導者的傳統觀念；也拋開女性是神力女超人、男性是父權壓迫者的新觀念。從最嚇人的狀態重新開始。每天審視自己所做的選擇，然後當你問自己為什麼要做這些選擇時，試著找到這個答案：為了我，為了我自己。因為這就是我，這是真實的我。」

「無論你是二十一歲還是五十一歲，這將永遠是你奮戰的目標。這是我的經驗之談。當我辭去《紐約時報》工作並成為全職母親時，全世界都告訴我我瘋了。當我再度辭職並成為全職小說家時，他們又說我瘋了。但我沒有瘋，我很快樂。我按照自己想要的方式取得成功。如果你不是按照自己的方式取得成功，就算你的成功在世人眼裡看起來不錯，但你感覺卻很糟，那根本稱不上是成功。別忘了演員莉莉．湯姆琳（Lily

Tomlin）所說的：『就算你贏得老鼠賽跑，你依然是一隻老鼠。』」

如果莎拉．布蕾克莉沒有把褲襪的下半截剪掉，她就不會將 Spanx 打造成數十億美元的內衣品牌帝國。如果布蘭登．斯坦頓沒有在被金融機構開除後拾起相機，《紐約人》就不會每天感動數百萬人。如果我沒有從二〇一七年開始發送小小的電子報，你現在就不會讀到這本書。

別忘了，在任何時候都可以賭自己一把。開創一份電子報、一個熱血的計畫或一場新的冒險，將你的身分與真正重要的東西，也就是「你」連結在一起。沒有比這更解放人心的事情了。

就像一位名叫碧昂絲的睿智哲學家所說的：「我不喜歡賭博，但有件事我願意賭一把，那就是我自己。」

成功人士如何發現隱形天賦

柯比．布萊恩

NBA傳奇球員柯比．布萊恩說，當他還是年輕球員時，他曾和一些世界上最偉大的球員聊過，像是魔術強生、麥可・喬丹、賴瑞・柏德、傑瑞・衛斯特、奧斯卡・羅伯森和比爾・羅素。布萊恩問他們：「你做了些什麼？你的經歷是什麼？對你來說這是什麼樣的過程？」

一項很好的練習就是問自己：「是誰在過著我夢想中的生活？」去找出那個人，研究他的早期生活，了解他是如何走到今天的。就像布萊恩所說：「我們身邊有很多人在做很了不起的事，而這些資訊就在我們身邊，等著我們挖掘。」

認真傾聽，學以致用，並賭自己一把。

張福林

張福林成功地從研究員轉換為太空人，再從太空人轉換為企業家。他加入太空總署時，太空總署成員往往是科學家或太空人，很少人能兩者兼具。

「太空人是軍人，而火箭科學家負責設計火箭，但他們從來沒上過太空。這樣的分工是我在太空總署工作時的障礙，」張福林說，「當我剛開始工作時，我很快就發現，身為科學家，你不太有機會上太空。但我覺得這樣很奇怪，所以我努力維持科學家和太空人的身分。最後我成功了。」

張福林仍然維持科學家的身分，而且上太空的次數比同事都還要多。張福林建議，同時發展看似矛盾的素質與人格特質，往往會發揮相得益彰的效果。當你選擇賭自己一把時，你就會深刻意識到你可以做的事有很多。

發現隱形天賦的祕訣

- 你可以創造自己的身分，因為今天的你不一定是明天的你。
- 我們用來描述眼前所見的語言不只是標籤：語言實際上決定了我們的現實和世界觀。
- 每當你直接替人們貼上標籤並將他們歸類時，你就過濾了你所見的一切。你讓自己的世界變得更狹小、更簡單，也更無法反映現實。
- 想了解自己是誰，必須先了解自己不是什麼樣的人。

- 體現出你想成為的自己，表現得就像你想成為的那個人。如果你願意相信，你就能成為理想中的自己。
- 所有成功人士都願意賭自己一把，而且任何時候都可以這麼做。開創一些新事務，將你的身分和真正重要的東西連結在一起——你自己。沒有比這個更解放人心、更強大的事了。
- 問問自己：是誰在過著我夢想中的生活？去找出那個人，研究他的早期生活，了解他是如何走到今天的。

如果你不是按照自己的方式取得成功，就算你的成功在世人眼裡看起來不錯，但你感覺卻很糟，那根本稱不上是成功。別忘了演員莉莉．湯姆琳所說的：『就算你贏得老鼠賽跑，你依然是一隻老鼠。』

——安娜．昆德蘭

總結

我如何定義成功？

正是這個問題改變我的人生方向。二〇二〇年一月，我剛結束《財星》雜誌的工作，準備坐地鐵回家時，讀到了上一章提到安娜・昆德蘭所說的話：「我按照自己想要的方式取得成功。如果你不是按照自己的方式取得成功，就算你的成功在世人眼裡看起來不錯，但你感覺卻很糟，那根本稱不上是成功。」

事實上，我並沒有以自己想要的方式取得成功。我依然將地位、金錢與成就作為成功的標準。當時我沒有意識到，在我研究的許多成功人士身上都有一個隱形天賦：他們認為成功是個人的事。

喜劇演員傑瑞・史菲德（Jerry Seinfeld）將成功描述為無止盡的修補過程，直到你盡可能接近完美。他對成功的定義是：「獨處和精準，針對一件小事精益求精。」

梅琳達・蓋茲（Melinda Gates）則表示，她對成功的定義源自於愛默生所說的一句話：「知道有一個生命因你的存在而活得更好，那就算成功了。」身為全球最富有的女性之一，梅琳達．蓋茲利用自己的資產支持全球健康計畫，並扶植女性領導的企業。

演員馬修．麥康納對成功有完全不同的定義，對他來說，成功在於衡量這五件事：一、父親的角色，二、友情，三、事業，四、當一位好丈夫，五、身、心、靈的狀態。他每天都會檢視這些標準。「我喜歡觀察自己的每個項目是在借方還是貸方，」他在二〇一六年休士頓大學的畢業演說中提到，「現在是紅字還是黑字？」

如果他的事業正在起飛，但他與妻子的關係卻面臨惡化，麥康納就會付出更多努力去當一位好丈夫，以維持健康的平衡。「首先我們必須為自己定義成功，然後努力維持成功。」麥康納補充道。

很多時候，這感覺就像在工作，但我喜歡把真正的成功視為是充滿挑戰但有意義的工作成果。

足球傳奇梅西（Lionel Messi）從五歲起就每天踢球，但很多人卻對他的失敗、毅力和痛苦難耐的長期練習視而不見，認為他是「一夕成名」。儘管梅西成為職業球員時只有十七歲，但因為一系列的健康問題阻礙了他的成長，他的成功之路並不容易。

同樣地，時尚大亨湯麗．柏琦（Tory Burch）在二〇〇五年接到歐普拉脫口秀來電，邀請她上節目。歐普拉稱讚她的公司是「下一個重量級的時尚品牌」，結果柏琦的網站在隔天就獲得高達八百萬的流量。

柏琦把握機會說出她的故事，並替她的事業贏得更多媒體關注。你或許會說她很幸運，或說她是投機取巧。「媒體說我們是一夕成名，」柏琦在百森商學院（Babson College）的演講中提到，「我想這有幾分道理，如果你不考慮在那一天之前為了打造事業所投入的兩萬個小時，或從幾年前為了學習這個產業所投入的五十萬個小時。」

「一夕成名」的神話終究只是迷思。定義成功的方式有很多種，獲得成功的途徑更多，但實現成功的關鍵只有：**行動**。

正如太空總署科學任務理事會負責人托瑪士．朱布肯（Thomas Zurbuchen）所說：「成功與失敗之間存在著巨大的鴻溝，只有少數幾個行動能讓你從一端走向另一端。」

這就是我對各位的希望。我希望這本書能激勵你朝著自己的目標邁進。最重要的是，我希望能激起你對自己興趣的好奇心，讓你重新思考成功的定義。

以下我將十章的內容轉化為十個關鍵問題，幫助你發現自己的隱形天賦：

一、主廚格蘭特．阿卡茲勇於承擔創意風險，不斷挑戰烹飪界極限，將 Alinea 打造成世界上最棒的餐廳。**你能想到最大、最勇敢、最具原創性的嘗試是什麼？**

二、擁有強大心理韌性的人能長期忍受痛苦、不適和不確定性，他們是怎麼辦到的？他們在生活中刻意創造一些磨練的機會，讓他們的大腦為未來可能的痛苦經歷做好準備。**你如何在一週的生活中創造「自己選擇的艱難情境」**？

三、幸福夫妻正面與負面互動的比例是五比一。「一個微笑、一次點頭，甚至是咕噥一聲表示你在聽伴侶說話，這些都是正面的互動。」約翰．高特曼說。**你和你的伴侶今天有多少正面的互動**？

四、我們都是自己生活中不可靠的敘事者。當我們回顧自己的人生，我們往往是主角，其他人不過是配角而已。**如果你從生活中不同角色的視角來訴說你的個人故事，你會學到什麼**？

五、高效領導者會採用系統導向的方法，他們注重的是過程而非結果。如果目標是創業，那麼系統化的方式是找出你能解決的問題，組成團隊，訂定營運計畫，並在市場上測試你的產品。**在什麼樣的情況下你可以採用系統導向的思考方式**？

六、要在不確定的狀況下做出好決定，你必須先了解可逆和不可逆決定之間的區別。如果這項決定是可逆的，你可以在缺乏完備資訊的情況下迅速做出決定，而你或許能從中學習到更多東西。但如果這項決定是不可逆的，你應該放慢腳步，在下決定前深思熟慮並仔細分析。在做出重要的決定之前，問問自己：**我要做的決定是可逆的，還是不可逆的**？

七、清晰的思考能避免我們被虛假的論述所迷惑，讓我們的自我受到控制，更重要的是能讓我們獨立思考。試著了解你的想法不是非黑即白，你對自身想法的信心會隨著你學到新東西而跟著改變。**生活中，有哪些地方你可以檢視並更新你既有的想法？**

八、社群是孤獨的解藥。研究顯示，要打破長期孤獨循環，最有效的方式之一就是追求一個更遠大的目標或使命感，而且這件事最好需要你與他人互動或合作。**你可以展開哪些有意義的活動或計畫來改善自己的社群？**

九、專欄作家大衛．布魯克斯提出了「最高品味理論」，他認為每個人的思考由其上限所決定，也就是一個人習慣吸收而且能夠吸收的最好內容。**今年你該如何改善自己吸收的資訊內容？**

十、所有成功人士都願意賭自己一把，而且任何時候都可以這麼做。開創一份電子報、一個熱血的計畫或一場新的冒險，將你的身分與真正重要的東西，也就是「你」連結在一起。**今天你可以創造什麼東西，將你的身分與你自己連結在一起？**

我由衷感謝你加入這段旅程。我篤信以人為本的學習方式，也渴望向你學習。請告訴我你是如何運用本書的技巧以發現自己的隱形天賦。你可以透過以下網址與我聯繫：www.readtheprofile.com

寶琳娜

謝辭

寫作是孤獨的工作，但我認為任何有價值的事物都不是獨自創造出來的。我想藉這個機會感謝那些幫助我完成這本書的人。

感謝我的女兒，我剛開始寫這本書時，她才三個月大。多年來我一直都想寫一本書，但從來沒有付諸行動。當她出生後，一切都改變了。我變得忙碌不已，但我想做的事更多了。這本書就是在換尿布、二十分鐘的小睡和躲貓貓遊戲之間的空檔完成的。我不願放棄和妳相處的每一刻，謝謝妳給了我寫這本書的靈感。希望妳比我更早找到自己的隱形天賦。

感謝我的丈夫和人生伴侶，沒有他就沒有這本書。在我瘋狂寫作時，你照顧我們的女兒；在我大聲朗讀每一章時，你耐心傾聽；在我最需要的時候，你給我鼓勵的話語。但最重要的是，你教我要賭自己一把。我絕不會忘記你對我說過的話：「千萬別讓別人對你的信心超越你對自己的信心。」這一路走來，我們始終攜手同行。

感謝我的父母，他們為了追求更好的生活，不惜犧牲一切來到異鄉。早期在美國的日子艱苦難言，但我永遠不會忘記過程中的快樂與歡笑時刻。最重要的是，我想謝謝你們鼓勵我追求自己的興趣，即使最終沒有成功（忘了我的「演藝」階段吧）。在我小時候發現自己喜歡寫作時、在我主修新聞學時、在我得到《財星》雜誌的夢幻工作時、在我辭去夢幻工作並全心投入電子報時、在我寫這本書時，你們一路上鼓勵著我。我在過程中的一切成功，都要歸功於你們。

感謝我的家人和宛如家人般的朋友，感謝你們多年來支持我所做的每個決定。謝謝你們在我寫書的過程中鼓勵我，並給了我亟需的建議。我珍惜你們每一個人。

感謝我的編輯克里斯多福・帕克（Christopher Parker），他只簡單地對我說：「如果你想寫一本書，我們很樂意和你聊聊。」這句話引導我拼湊出所有的一切，於是這本書誕生了。謝謝 Harriman House 出版團隊幫助我將我的所學提煉為實用的洞見。

感謝我在《財星》雜誌的同事和編輯，我從你們身上學到關於寫作的一切。《財星》雜誌是我五年來的家，在這裡，我在個人和職涯上都得到成長。我尊敬並佩服我的同事們，至今我每天都會讀他們寫的文章。

感謝寫出許多長篇專訪的記者們，我在書中引用了這些作品。要捕捉一個人的本質絕非易事，正是你們啟發我創辦《人物誌》電子報。《生活故事》（*Life Stories*）彙集了《紐約客》雜誌最棒的人物專訪，其中有句話令人難忘：「藝術最純粹的挑戰之一，就是將一個活生生的人轉譯為文字。」這正是你們每天在做的事情，對此我深表感激。

感謝本書中介紹的人物，他們慷慨地抽出時間，接受各式各樣的訪談，並耐心回答我所有問題。你們是我作品的命脈，我每天都持續向你們學習。

感謝《人物誌》讀者，你們多年來一直支持著我。我常說《人物誌》是世界上最棒的社群，因為這裡充滿好奇、聰明又了不起的人。你們每週都會大方對我提出意見、批評和反饋，你們是幫助我提升作品品質的重要功臣。

也感謝你，這本書的讀者。謝謝你拿起這本書，並給了我一點時間。我在寫作時，從沒想過真的有人會讀到這些文字，因此當我知道你正在捧著這本書時，這種感覺實在難以言喻。我衷心地感謝你。

寶琳娜

資料來源

在本節中，我盡可能整理了每一章的資料來源，並按章節順序排列如下。

儘管我已盡力標註所有引言、故事和研究出處，但如果有任何錯誤或疏漏之處，請來信至 hiddengenius@readtheprofile.com，我們將進行修正。

前言

Craven, Mackey. “Leadership Lessons from Steve Kerr, Head Coach of the Golden State Warriors.” OpenView, June 13, 2013. https://openviewpartners.com/blog/leadership-lessons-from-steve-kerr/.

Pompliano, Polina. “The Profile Dossier: Al Pacino, Hollywood’s Favorite Gangster.” theprofile.substack.com, May 26, 2021. https://theprofile.substack.com/p/al-pacino.

———. “The Profile Dossier: Kobe Bryant, Basketball’s Greatest Storyteller.” theprofile.substack.com, January 27, 2021. https://theprofile.substack.com/p/kobe-bryant.

第一章

Achatz, Grant. "Creativity, in the Most Unexpected Places." The Atlantic, March 20, 2009. https://www.theatlantic.com/health/archive/2009/03/creativity-in-the-most-unexpected-places/1648/.

Al-Kateb, Zahra. "The Best Restaurant in the World: Alinea." Elite Traveler, April 15, 2016. https://elitetraveler.com/finest-dining/top-100-restaurants-in-the-world-old/ the-best-restaurant-in-the-world-alinea-2.

Aristotle. "The Internet Classics Archive | Poetics by Aristotle." classics.mit.edu. Accessed August 10, 2022. http://classics.mit.edu/Aristotle/poetics.html?_branch_match_id=399156686146724622.

Baer, Drake. "How Shonda Rhimes Starts Her Creative Process." thriveglobal.com, November 10, 2017. https://thriveglobal.com/stories/how-shonda-rhimes-starts- her-creative-process/.

Baird, Benjamin, Jonathan Smallwood, Michael D. Mrazek, Julia W. Y. Kam, Michael S. Franklin, and Jonathan W. Schooler. "Inspired by Distraction." Psychological Science 23, no. 10 (August 31, 2012): 1117–22. https://doi.org/10.1177/0956797612446024.

Bruni, Frank. "Sci-Fi Cooking Tries Dealing with Reality." The New York Times, May 11, 2005, sec. Style. https://www.nytimes.com/2005/05/11/dining/scifi-cooking- tries-dealing-with-reality.html.

Smith LLC. "Bursting at the Seams, the Litigation Funding Industry Should Add Creativity to Its Arsenal," November 28, 2018. https://www.smithuncut.com/ bursting-seams-litigation-funding-industry-add-creativity-arsenal/.

Business Insider. "Inside Alinea — and How Its Star Chef Comes up with the Menu." YouTube, October 7, 2017. https://www.youtube.com/watch?v=j8T5Lo2n4-Q.

Catmull, Ed. "How Pixar Fosters Collective Creativity." Harvard Business Review, September 2008. https://hbr.org/2008/09/how-pixar-fosters-collective-creativity.

Chef's Table. Film. Netflix, 2019.

Da Vinci, Leonardo. Leonardo's Notebooks: Writing and Art of the Great Master. Edited by H. Anna Suh. Black Dog & Leventhal, 2013.

———. Trattato Della Pittura. Paris, France, 1651.

Foodpairing. "Flavor Bouncing or Foodpairing Explained by Grant Achatz of Alinea Restaurant." YouTube, November 19, 2015. https://www.youtube.com/watch?v=93o3-2ygFkA&t=2s.

Graduate, Stanford. “Ed Catmull, Pixar: Keep Your Crises Small.” YouTube, July 28, 2009. https://www.youtube.com/watch?v=k2h2lvhzMDc.

Hart, Hugh. “Lessons in Creating Surprise from Pioneering Chef Grant Achatz.” Fast Company, October 30, 2013. https://www.fastcompany.com/3020591/lessons- in-creating-surprise-from-pioneering-chef-grant-achatz.

HK Choi, Mary. “The Rise of Christina Tosi’s Milk Bar Empire.” Eater, September 5,2017.https://www.eater.com/2017/9/5/16213430/christina-tosi-profile-milk-bar.

King, Stephen. On Writing: A Memoir of the Craft. 2000. Reprint, London: Hodder, 2012.

Leaf, Clifton. “Pixar’s Ed Catmull: If Something Works, You Shouldn’t Do It Again.” Fortune, July 14, 2015. https://fortune.com/2015/07/14/pixar-catmull-disney-animation/.

MasterClass, and Aaron Sorkin. “Aaron Sorkin Teaches Screenwriting.” Video Series. MasterClass, n.d. https://www.masterclass.com/classes/aaron-sorkin-teaches-screenwriting.

Max, D.T. “A Chef Battles for His Sense of Taste.” The New Yorker, May 5, 2008. https://www.newyorker.com/magazine/2008/05/12/a-man-of-taste.

McCulley, Carolyn. “Sonic Illusions.” Twenty Thousand Hertz, June 2019. https://www.20k.org/episodes/sonicillusions.

McLaughlin, Katy. “Finding Poetry in Food (and Vice Versa).” Wall Street Journal, July 21, 2012, sec. Life and Style. https://www.wsj.com/articles/SB10000872396390444 3090457753503387927 5676.

Michalko, Michael. “Creative Thinking and Leonardo Da Vinci.” Thinkjarcollective.com, 2019. https://thinkjarcollective.com/articles/creative-thinking-leonardo-da-vinci/.

NME. “Taylor Swift – How I Wrote My Massive Hit ‘Blank Space.’” YouTube, October 5, 2015. https://www.youtube.com/watch?v=8bYUDY4lmls.

Pacchioli, David. “Making Connections: Psychologist Explores the Neuroscience of Creativity | Penn State University.” www.psu.edu, December 1, 2020. https:// www.psu.edu/news/research/story/making-connections-psychologist-explores-neuroscience-creativity/.

Pompliano, Polina. “The Profile Dossier: Ed Catmull, Pixar’s Creative Genius.” theprofile.substack.com, May 5, 2021. https://theprofile.substack.com/p/the-profile-dossier-ed-catmull-pixars.

———. "The Profile Dossier: Grant Achatz, America's Most Creative Chef Playing Mind Games." theprofile.substack.com, September 9, 2020. https://theprofile.substack.com/p/the-profile-grant-achatz-americas?s=w.

Schnitzler, Nicole. "What I've Learned: Grant Achatz." Esquire, June 19, 2015. https://www.esquire.com/food-drink/food/a35818/what-ive-learned-grant-achatz/.

Snyder, Chris. "Inside the Best Restaurant in America — and How Its Star Chef Comes up with Elaborate 19-Course Tasting Menus." Business Insider, September 15, 2017. https://www.businessinsider.com/how-best-restaurant-america-alinea-creates-menu-2017-9.

Stillman, Jessica. "Why the Best Ideas Fail the Elevator Test, according to Pixar's Ed Catmull." Inc.com, May 11, 2021. https://www.inc.com/jessica-stillman/why-best-ideas-fail-elevator-test-according-to-pixars-ed-catmull.html.

Studio E. "Life Lessons from Milk Bar Founder, Christina Tosi." Studio/E, August 11, 2020. https://yourstudioe.com/blog/christina-tosi-life-lessons/.

Tanaka, Jennifer. "Burned: The Story of Grant Achatz's Cancer Recovery." Chicago Magazine, June 5, 2008. https://www.chicagomag.com/Chicago-Magazine/June-2008/Burned/.

University, Carnegie Mellon. "Press Release: Carnegie Mellon Brain Imaging Research Shows How Unconscious Processing Improves Decision-Making - News-Carnegie Mellon University." www.cmu.edu, February 13, 2013. https://www.cmu.edu/news/stories/archives/2013/february/feb13_unconsciousthought.html.

Urban, Tim. "The Elon Musk Post Series." Wait But Why, March 28, 2017. https://waitbutwhy.com/2017/03/elon-musk-post-series.html.

Vettel, Phil. "Alinea Named World's Best Restaurant by Elite Traveler." Chicago Tribune, April 18, 2018. https://www.chicagotribune.com/dining/ct-food-alinea-number-one-0418-story.html.

Vox. "The Sound Illusion That Makes Dunkirk so Intense." YouTube, July 26, 2017. https://www.youtube.com/watch?v=LVWTQcZbLgY.

WIRED Staff. "Steve Jobs: The next Insanely Great Thing." WIRED. WIRED, February 1996. https://www.wired.com/1996/02/jobs-2/.

第1章

Abagnale, Frank W, and Barrett Whitener. Catch Me If You Can. Ashland, Or: Blackstone Audiobooks, 2002.

Davidgoggins.com. "ABOUT | David Goggins," 2015. https://davidgoggins.com/about/.

Agnew, Danny. "A Former Navy SEAL Schools Us on the Art of Resilience." InsideHook. Accessed August 10, 2022. https://www.insidehook.com/feature/ advice/a-former-navy-seal-schools-us-on-the-art-of-resilience.

Babb, Kent. "Kobe Bryant, Revising His Own History." Washington Post, November 14, 2018. https://www.washingtonpost.com/graphics/2018/sports/kobe-bryant-hollywood-revisionist/.

Barker, Sarah. "Ultrarunner Courtney Dauwalter Explains Why She Runs through Blindness and Hallucinations." Deadspin, June 13, 2018. https://deadspin.com/ultrarunner-courtney-dauwalter-explains-why-she-runs-th-1826672881.

BigThink. "From 300lbs to a Navy SEAL: How to Gain Control of Your Mind and Life." Big Think. Accessed August 10, 2022. https://bigthink.com/videos/david-goggins-to-win-in-life-win-the-war-in-your-mind-navy-seal/.

Bilyeu, Tom. “Become a Savage & Live on Your Own Terms | David Goggins on Impact Theory.” YouTube, December 11, 2018. https://www.youtube.com/watch?v=dIM7E8e9JKY.

Boone, Amelia. “Big’s Backyard Ultra: Just What I Needed.” Race Ipsa Loquitur, October 28, 2019. http://www.ameliabooneracing.com/blog/sport/ bigsbackyardultra/.

Bourn, Chris. “Why People like Trump Refer to Themselves in the Third Person.” MEL Magazine, April 27, 2018. https://melmagazine.com/en-us/story/the-psychology-of-referring-to-yourself-in-the-third-person.

Caldwell, Tommy. PUSH: A Climber’s Journey of Endurance, Risk, and Going beyond Limits. Penguin Publishing Group, 2018.

Clear, James. “Identity-Based Habits: How to Actually Stick to Your Goals This Year.” James Clear, December 31, 2012. https://jamesclear.com/identity-based-habits.

Crosley, Hillary. “Beyonce Says She ‘Killed’ Sasha Fierce.” MTV, February 26, 2010. https://www.mtv.com/news/13z2bh/beyonce-says-she-killed-sasha-fierce.

Eger, Edith Eva. The Choice. London: Rider, 2018.

Elkins, Kathleen. “Retired Navy SEAL: This Mentality ‘Rubs Everybody the Wrong Way’ but It Led to My Success.” CNBC, April 4, 2019. https://www.cnbc.com/2019/04/04/ex-navy-seal-david-goggins-this-mentality-led-to-my-success.html.

Goggins, David, and Lioncrest Publishing. Can't Hurt Me: Master Your Mind and Defy the Odds. Miejsce Nieznane: Lioncrest Publishing, Druk, 2019.

Google Zeitgeist. "'I Want to Find the Impossible' | Tommy Caldwell & Lynn Hill | Google Zeitgeist." YouTube, October 20, 2015. https://www.youtube.com/watch?v=kboFNeB_n08.

Hinton, Anthony Ray. "I Spent 28 Years on Death Row." The Guardian, October 21, 2016. https://www.theguardian.com/lifeandstyle/2016/oct/21/28-years-on-death- row.

Howes, Lewis. "Master Your Mind and Defy the Odds with David Goggins." Lewis Howes, November 5, 2018. https://lewishowes.com/podcast/master-your-mind- and-defy-the-odds-with-david-goggins/.

Johnson, Caitlin. "Beyoncé on Love, Depression and Reality." Cbsnews.com, December 13, 2006. https://www.cbsnews.com/news/beyonce-on-love-depression-and-reality/.

Kobe Bryant's Muse. Streamed. Showtime, 2015.

Mann, Don, and Ralph Pezzullo. Inside Seal Team Six: My Life and Missions with America's Elite Warriors. New York: Back Bay Books, 2012.

Parrish, Shane. “Amelia Boone: Learning How to Suffer with the Queen of Pain.” Farnam Street. Accessed August 10, 2022. https://fs.blog/knowledge-project- podcast/amelia-boone/.

Polina, Marinova. “We Decoded Anthony Scaramucci’s Profane Speaking Style. Here’s What We Learned.” Fortune, July 31, 2017. https://fortune.com/2017/07/31/anthony-scaramucci-comments-decoded/.

Pompliano, Polina. “7 Mentally Tough People on the Tactics They Use to Build Resilience.” theprofile.substack.com, February 23, 2021. https://theprofile.substack.com/p/mental-toughness.

———. “Four-Time Obstacle Race Champion Amelia Boone on Mastering the Art of Suffering.” theprofile.substack.com, April 6, 2021. https://theprofile.substack. com/p/amelia-boone.

———. “The Profile Dossier: Anthony Ray Hinton, the Innocent Man on Death Row.” The Profile, June 24, 2020. https://theprofile.substack.com/p/the-profile-dossier-anthony-ray-hinton.

———. “The Profile Dossier: Cheryl Strayed, the Wanderer Who Found Peace.” theprofile.substack.com, September 30, 2020. https://theprofile.substack.com/p/the-profile-dossier-cheryl-strayed.

———. "Why the World's Most Confident People Create Alter Egos." theprofile.substack.com, August 27, 2020. https://theprofile.substack.com/p/why-the-worlds-most-confident-people?s=w.

PowerfulJRE. "Joe Rogan Experience #1080 - David Goggins." YouTube, February 19, 2018. https://www.youtube.com/watch?v=5tSTk1083VY.

Roberts, LaVonne. "After ALS Struck, He Became the World's Most Advanced Cyborg." Input, December 29, 2021. https://www.inputmag.com/culture/dr-peter-scott-morgan-als-ai-cyborg.

Roll, Rich. "Navy SEAL David Goggins Is the Toughest Athlete on Earth -- Thoughts on Mindset, the 40% Rule & Why Purpose Always Trumps Motivation." Rich Roll, January 2, 2017. https://www.richroll.com/podcast/david-goggins/.

Rooney, Austin. "The Toughest Man Alive." Navy All Hands, November 27, 2018. https://allhands.navy.mil/Stories/Display-Story/Article/1840612/the-toughest-man-alive/.

Segalov, Michael. "'I Choose to Thrive': The Man Fighting Motor Neurone Disease with Cyborg Technology." The Guardian, August 16, 2020. https://www.theguardian.com/society/2020/aug/16/i-choose-to-thrive-the-man-fighting-motor-neurone-disease-with-cyborg-technology.

Strayed, Cheryl. Wild: From Lost to Found on the Pacific Crest Trail. New York: Alfred A. Knopf, 2012.

SUUNTORUN. "Courtney Dauwalter and Her Pursuit of Mind Power." Suunto, April 20, 2020. https://www.suunto.com/en-us/sports/News-Articles-container- page/courtney-dauwalter-and-her-pursuit-of-mind-power/.

TEDx Talks. "What Are You up Against? | Tommy Caldwell | TEDxKC." YouTube, September 15, 2015. https://www.youtube.com/watch?v=PnMs_qLwaes.

The Jordan Harbinger Show. "Tommy Caldwell | the Push for the Path Upwards." Jordan Harbinger, September 24, 2019. https://www.jordanharbinger.com/tommy-caldwell-the-push-for-the-path-upwards/.

Trail Runner Magazine. "How Courtney Dauwalter Won the Moab 240 Outright." Trail Runner Magazine, October 19, 2017. https://www.trailrunnermag.com/ people/news-people/courtney-dauwalter-wins-moab-240/.

第三章

Benedictus, Luke, Jeremy Macvean, and Andrew Mcutchen. The Father Hood: Inspiration for the New Dad Generation. Sydney: Murdoch Books, An Imprint Of Allen & Unwin, 2019.

Benson, Kyle. "The Magic Relationship Ratio, according to Science." The Gottman Institute, October 4, 2017. https://www.gottman.com/blog/the-magic-relationship-ratio-according-science/.

Brittle, Zach. "R Is for Repair." The Gottman Institute, September 3, 2014. https://www.gottman.com/blog/r-is-for-repair/.

Coates, Tyler. "For Esther Perel, Romance and Power Are Intertwined." www.yahoo.com, October 29, 2018. https://www.yahoo.com/now/esther-perel-romance- power-intertwined-040000445.html.

Dmy, Phil. "[Complete] Charlie Munger USC Law Commencement Speech - May 2007." YouTube, May 2007. https://www.youtube.com/watch?v=jY1eNlL6NKs.

Farnam Street. "The Munger Operating System: A Life That Works." Farnam Street, April 13, 2016. https://fs.blog/munger-operating-system/.

Greater Good Science Center. "John Gottman: How to Build Trust." YouTube, October 28, 2011. https://www.youtube.com/watch?v=rgWnadSi91s.

John Mordechai Gottman, and Nan Silver. Why Marriages Succeed or Fail: And How You Can Make Yours Last. London: Bloomsbury Publishing, 2007.

Kornbluth, Jesse. "Esther Perel: Whether You're Experiencing a Second Honeymoon or Married Bed Death, She Can Help." headbutler.com, February 16, 2021. https://

headbutler.com/reviews/esther-perel-sex-has-nothing-to-do-with-where-you-put-your-hand-its-about-where-you-can-take-me-not-what-you-can-do-to-me/.

Lisitsa, Ellie. "An Introduction to Emotional Bids and Trust." The Gottman Institute, September 1, 2012. https://www.gottman.com/blog/an-introduction-to-emotional-bids-and-trust/.

Marie Claire. "The New American Couple." Marie Claire Magazine, March 20, 2011. https://www.marieclaire.com/sex-love/advice/a5915/new-american-couple/.

Masters of Scale. "How to Build Trust Fast." Masters of Scale, February 20, 2019. https://mastersofscale.com/daniel-ek-how-to-build-trust-fast/.

Meyer, Danny. Setting the Table: The Transforming Power of Hospitality in Business. New York: Harper, 2008.

———. "Play Long-Term Games with Long-Term People." Naval, March 19, 2019. https://nav.al/long-term.

Perel, Esther, and Mary Alice Miller. "From Esther Perel's Blog - Six Essential Practices to Improve Listening Skills in Relationships." www.estherperel.com, n.d. https://www.estherperel.com/blog/six-essential-practices-to-improve-listening-skills-in-relationships.

Pompliano, Polina. "100 Couples Share Their Secrets to a Successful Relationship." theprofile.substack.com, July 16, 2020. https://theprofile.substack.com/p/100-couples-share-their-secrets-to?s=r.

———. "Danny Meyer on Leading in Crisis, Developing an Appetite for Risk, and Building a Hospitality Empire." theprofile.substack.com, November 4, 2021. https://theprofile.substack.com/p/danny-meyer-interview?s=w.

Ravikant, Naval. "Compounding Relationships Make Life Easier." Naval, July 19, 2019. https://nav.al/relationships.

Raz, Guy. "Esther Perel: How Can Couples Rebuild Trust after an Affair?" NPR.org, May 15, 2015. https://www.npr.org/transcripts/406455947.

TedxTalks. "The Science of Love | John Gottman | TEDxVeniceBeach." YouTube, October 2, 2018. https://www.youtube.com/watch?v=-uazFBCDvVw.

The Gottman Institute. “Love Lab.” The Gottman Institute, 2015. https://www.gottman.com/love-lab/.

———. “Overview - Research |Tthe Gottman Institute.” The Gottman Institute, 2015. https://www.gottman.com/about/research/.

———. “What Distinguishes the ‘Masters’ of Relationships from the ‘Disasters?’

| Dr. John Gottman.” YouTube, April 10, 2015. https://www.youtube.com/watch?v=INo8RSgnviA.

The Knowledge Project. “Chris Voss: The Art of Letting Other People Have Your Way [the Knowledge Project Ep. #27].” Farnam Street. Accessed August 15, 2022. https://fs.blog/knowledge-project-podcast/chris-voss/.

Underscore VC. “No-Nonsense | Featuring Tobi Lutke, Co-Founder & CEO of Shopify.” Underscore VC, October 30, 2019. https://underscore.vc/blog/no- nonsense-featuring-tobi-lutke/.

Voss, Chris, and MasterClass. “Chris Voss Teaches the Art of Negotiation.” MasterClass,n.d. https://www.masterclass.com/classes/chris-voss-teaches-the-art-of-negotiation.

第四章

Lori Gottlieb. “About Lori Gottlieb, Psychotherapist and Award-Winning Author,”n.d. https://lorigottlieb.com/about/.

Behind the Curtain. “How I Wrote the Social Network (Aaron Sorkin’s Writing Process).” YouTube Video. YouTube, May 21, 2019. https://www.youtube.com/watch?v=PNarYM5t4TA.

Carr, David. The Night of the Gun: A Reporter Investigates the Darkest Story of His Life, His Own. New York: Simon & Schuster Paperbacks, 2009.

Columbia Journalism School. “Columbia Journalism School 2018 Graduation - Ira Glass.” YouTube, 2018. https://www.youtube.com/watch?v=nVc1kZf8hRY&t=23s.

Du Maurier, Daphne. Rebecca. 1938. Reprint, HarperCollins, 2010.

Erik Anderson. “16th Final Draft Award Honorees: Aaron Sorkin, Steve McQueen, Sofia Coppola, Ramy Youssef and Radha Blank.” AwardsWatch, November 18, 2020. https://awardswatch.com/16th-final-draft-award-honorees-aaron-sorkin-steve-mcqueen-sofia-coppola-ramy-youssef-and-radha-blank/.

Evans, Robert. The Kid Stays in the Picture. Pxok/June, 2009.

Ferriss, Tim. "Brandon Stanton – the Story of Humans of New York and 25M+ Fans (#321)." The Blog of Author Tim Ferriss, February 15, 2019. https://tim.blog/2018/06/18/brandon-stanton-humans-of-new-york/.

Glass, Ira. "Ira Glass's Commencement Speech at the Columbia Journalism School Graduation." This American Life, May 17, 2018. https://www.thisamericanlife.org/about/announcements/ira-glass-commencement-speech.

Gottlieb, Lori. "How Changing Your Story Can Change Your Life." TED, November 1, 2019. https://www.ted.com/talks/lori_gottlieb_how_changing_your_story_can_change_your_life.

———. Maybe You Should Talk to Someone: A Therapist, Her Therapist, and Our Lives Revealed. S.L.: Mariner Books, 2020.

Hawkins, Paula. The Girl on the Train. London: Transworld Publishers Ltd, 2015.

Hello Monday. "Hello Monday with Jessi Hempel: Boosting Your Psychological Immune System with Lori Gottlieb on Apple Podcasts." Apple Podcasts. Accessed August 15, 2022. https://podcasts.apple.com/us/podcast/boosting-your- psychological-immune-system-lori-gottlieb/id1453893304?i=1000474938999.

Lewis, Malcolm. "AirBnB Pitch Deck." SlideShare, March 12, 2015. https://www.slideshare.net/PitchDeckCoach/airbnb-first-pitch-deck-editable.

Longform. "Longform Podcast #64: Gay Talese · Longform." Longform, October 13, 2013. https://longform.org/posts/longform-podcast-64-gay-talese.

NJ.com, Mark Di Ionno | Advance Local Media. "Lessons on Writing -- and Life -- from Gay Talese | Di Ionno." nj, February 16, 2017. https://www.nj.com/news/2017/02/lessons_on_writing_--_and_life_--_from_gay_talese.html

Palahniuk, Chuck. Fight Club. 1996. Reprint, New York: W.W. Norton & Company, 2018.

Poe, Edgar Allan. The Tell-Tale Heart. 1843. Reprint, Edina, Minn.: Magic Wagon, 2010.

Pompliano, Polina. "Inside the Mind of 'Humans of New York' Creator Brandon Stanton." theprofile.substack.com, October 20, 2020. https://theprofile.substack. com/p/inside-the-mind-of-humans-of-new?s=w.

———. "The Profile Dossier: Aaron Sorkin, the Mastermind behind America's Favorite Films." theprofile.substack.com, November 11, 2020. https://theprofile.substack.com/p/the-profile-dossier-aaron-sorkin.

———. "The Profile Dossier: Al Pacino, Hollywood's Favorite Gangster." theprofile.substack.com, May 26, 2021. https://theprofile.substack.com/p/al-pacino.

———. "The Profile Dossier: Fred Rogers, the Nicest Man in the Neighborhood." theprofile.substack.com, June 10, 2020. https://theprofile.substack.com/p/the- profile-dossier-fred-rogers-the.

———. "The Profile Dossier: Ira Glass, the King of Storytelling." theprofile.substack.com, April 20, 2020. https://theprofile.substack.com/p/ira-glass-the-king-of-storytelling.

———. "The Profile Dossier: Lin-Manuel Miranda, the King of Broadway." theprofile. substack.com, October 28, 2020. https://theprofile.substack.com/p/lin-manuel- miranda.

———. "The Profile Dossier: Melanie Perkins, the Billionaire Founder of the World's Most Valuable Software Startup." theprofile.substack.com, February 16, 2022. https://theprofile.substack.com/p/melanie-perkins-the-billionaire-founder.

Rogers, Fred. Wisdom from the World according to Mister Rogers. Peter Pauper Press, 2006.

Steigerwald, Shauna. "Nine Lessons from Jim Koch of Sam Adams." The Enquirer,

February 4, 2016. https://www.cincinnati.com/story/entertainment/2016/02/04/ nine-lessons-jim-koch-sam-adams/79750656/.

Talese, Gay. "Frank Sinatra Has a Cold." Esquire, May 14, 2016. https://www.esquire.com/news-politics/a638/frank-sinatra-has-a-cold-gay-talese/.

———. "Mr. Bad News | Esquire | February 1966." Esquire | The Complete Archive, February 1, 1966. https://classic.esquire.com/article/1966/2/1/mr-bad-news.

The Editors at CJR. "Q&A: Ira Glass on Structuring Stories, Asking Hard Questions." Columbia Journalism Review, June 22, 2017. https://www.cjr.org/special_report/qa-ira-glass-turnaround-npr-jesse-thorn-tal.php.

This American Life. "472: Our Friend David." This American Life, December 14, 2017. https://www.thisamericanlife.org/472/transcript.

University of Pennsylvania. "Penn's 2016 Commencement Ceremony-Commencement Speaker Lin-Manuel Miranda." YouTube, May 16, 2016. https://www.youtube.com/watch?v=ewHcsFlolz4.

第五章

Bowman, Bob. Golden Rules: 10 Steps to World-Class Excellence in Your Life and Work. St. Martin's Press, 2018.

Brennan, Thomas James. “Inside the Painstaking Recovery Process of a Medal of Honor Marine.” Vanity Fair, November 11, 2016. https://www.vanityfair.com/news/2016/11/medal-of-honor-marine-recovery.

Bryant, Adam. “Tobi Lütke of Shopify: Powering a Team with a ‘Trust Battery.’” The New York Times, April 22, 2016. https://www.nytimes.com/2016/04/24/business/ tobi-lutke-of-shopify-powering-a-team-with-a-trust-battery.html.

Carpenter, Kyle. You Are Worth It: Building a Life Worth Fighting For. William Morrow, 2020.

Columbia Magazine. “Learn Africa, Says Nobel Laureate Leymah Gbowee.” Columbia Magazine, 2013. https://magazine.columbia.edu/article/learn-africa-says-nobel-laureate-leymah-gbowee.

Feloni, Richard. “How Aetna’s Former CEO Found a Blueprint for Leadership in an Ancient Taoist Text.” Business Insider, March 15, 2019. https://www.businessinsider.com/former-aetna-ceo-mark-bertolinis-taoist-leadership-lesson-2019-3?utm_source=pocket_mylist.

Jocko Podcast. “Jocko Podcast 207 with Kyle Carpenter, Medal of Honor Recipient. Live a Life Worth Fighting For.” YouTube, December 12, 2019. https://www.youtube.com/watch?v=S1ctMlVSbro.

Kavanaugh, Nadine. “Marc Lore’s Secret to Serial Entrepreneurship?” Wharton Magazine, April 13, 2015. https://magazine.wharton.upenn.edu/digital/marc-lores-secret-to-serial-entrepreneurship/.

Kawasaki, Guy. “Dr. Robert Cialdini: The Psychology Powering Influence and Persuasion.” Guy Kawasaki, January 15, 2020. https://guykawasaki.com/dr-robert-cialdini-the-godfather-of-influence/.

Krishnan, Sriram. “The Observer Effect – Daniel Ek.” www.theobservereffect.org,n.d. https://www.theobservereffect.org/daniel.html.

———. “The Observer Effect – Tobi Lütke.” www.theobservereffect.org, n.d. https://www.theobservereffect.org/tobi.html.

BlogTalkRadio. “Kyle Carpenter Medal of Honor Recipient Discusses Life Lessons.” Accessed August 16, 2022. https://www.blogtalkradio.com/veterans_radio/2019/10/15/kyle-carpenter-medal-of-honor-recipient-discusses-life-lessons.

Laozi, and James Legge. The Tao Te Ching. Simon & Brown, 2018.

Martell, Dan. “The Future of Retail ‘Arming the Rebels!’ with Tobi Lütke @ Shopify.com - Escape Velocity Show #16.” YouTube, December 5, 2019. https:// www.youtube.com/watch?v=-PZ0uDwpIYQ.

MasterClass. “Sara Blakely Teaches Self-Made Entrepreneurship.” MasterClass,n.d. https://www.masterclass.com/classes/sara-blakely-teaches-self-made-entrepreneurship.

Masters of Scale. “Masters of Scale: Rapid Response: Danny Meyer on the Wrenching Decision to Do Layoffs on Apple Podcasts.” Apple Podcasts. Accessed August 16, 2022. https://podcasts.apple.com/us/podcast/rapid-response-danny-meyer-on-the-wrenching-decision/id1227971746?i=1000469398313.

Mead, Rebecca. “The Prince of Solomeo.” The New Yorker, March 29, 2010. https://www.newyorker.com/magazine/2010/03/29/the-prince-of-solomeo.

Meyer, Danny. Setting the Table: The Transforming Power of Hospitality in Business. New York: Harper, 2008.

New York Times Events. “The Science of Influence.” YouTube, March 7, 2017. https://www.youtube.com/watch?v=IQoiEKRyztc.

Pompliano, Polina. “Bridgewater Co-CEO Mark Bertolini on the Value of ‘Radical Transparency’ and Taking over from Ray Dalio.” theprofile.substack.com, August 17, 2022. https://theprofile.substack.com/p/mark-bertolini-interview.

———. “The Profile Dossier: Bernard Arnault, the World’s Richest Man.” theprofile.substack.com, August 11, 2021. https://theprofile.substack.com/p/bernard-arnault#details.

———. "The Profile Dossier: Bob Bowman, the Coach Who Produces Champions." theprofile.substack.com, October 14, 2020. https://theprofile.substack.com/p/the-profile-dossier-bob-bowman-the.

———. "The Profile Dossier: Brunello Cucinelli, the Philosopher King of Cashmere." theprofile.substack.com, February 24, 2021. https://theprofile.substack.com/p/brunello-cucinelli.

———. "The Profile Dossier: Daniel Ek, the No-Nonsense Founder Who Built a Creative Empire." theprofile.substack.com, December 16, 2020. https://theprofile.substack.com/p/the-profile-dossier-daniel-ek-the.

———. "The Profile Dossier: Danny Meyer, the King of Hospitality." theprofile.substack.com, September 15, 2021. https://theprofile.substack.com/p/the-profile-dossier-danny-meyer-the.

———. "The Profile Dossier: Esther Wojcicki, the Educator Who Raised Entrepreneurial Children." theprofile.substack.com, May 19, 2021. https:// theprofile.substack.com/p/the-profile-dossier-esther-wojcicki.

———. "The Profile Dossier: Kyle Carpenter, the Fearless Warrior Who Came Back from the Dead." theprofile.substack.com, August 5, 2020. https://theprofile. substack.com/p/the-profile-dossier-kyle-carpenter.

———. "The Profile Dossier: Leymah Gbowee, the Peace Activist Who Ended a 14-Year Civil War." theprofile.substack.com, December 8, 2021. https://theprofile.substack.com/p/leymah-gbowee.

———. "The Profile Dossier: Marc Lore, the Serial Entrepreneur Building Billion-Dollar Companies." theprofile.substack.com, May 11, 2022. https://theprofile.substack.com/p/marc-lore?s=w.

———. "The Profile Dossier: Melanie Perkins, the Billionaire Founder of the World's Most Valuable Software Startup." theprofile.substack.com, February 16, 2022. https://theprofile.substack.com/p/melanie-perkins-the-billionaire-founder.

———. "The Profile Dossier: Robert Cialdini, the Master of Persuasion." theprofile.substack.com, June 30, 2021. https://theprofile.substack.com/p/robert-cialdini.

———. "The Profile Dossier: Sara Blakely, the Self-Made Billionaire." theprofile.substack.com, May 20, 2020. https://theprofile.substack.com/p/the-profile-dossier-sara-blakely.

———. "The Profile Dossier: Tobi Lütke, the Founder Who Believes in Arming the Rebels." theprofile.substack.com, October 27, 2021. https://theprofile.substack. com/p/tobi-lutke.

Safian, Robert. “Exclusive: Spotify CEO Daniel Ek on Apple, Facebook, Netflix–and the Future.” Fast Company, August 7, 2018. https://www.fastcompany.com/90213545/exclusive-spotify-ceo-daniel-ek-on-apple-facebook-netflix-and-the-future-of-music.

South Carolina Gamecocks. “Cpl. Kyle Carpenter Speaks to Gamecock Men’s

Soccer.” YouTube, June 19, 2014. https://www.youtube.com/watch?v=-cW4XxOP1GM&feature=youtu.be.

Underscore VC. “No-Nonsense | Featuring Tobi Lutke, Co-Founder & CEO of Shopify.” Underscore VC, October 30, 2019. https://underscore.vc/blog/no- nonsense-featuring-tobi-lutke/.

Wetlaufer, Suzy. “The Perfect Paradox of Star Brands: An Interview with Bernard Arnault of LVMH.” Harvard Business Review, October 1, 2001. https://hbr.org/2001/10/the-perfect-paradox-of-star-brands-an-interview-with-bernard-arnault-of-lvmh.

Wojcicki, Esther. How to Raise Successful People: Simple Lessons for Radical Results. Boston: Houghton Miffiin Harcourt, 2019.

Good Life Project. “You Are Worth It | Kyle Carpenter.” Accessed August 16, 2022. https://www.goodlifeproject.com/podcast/kyle-carpenter/.

Zeng, Jianji, and Guangyi Xu. "How Servant Leadership Motivates Innovative Behavior: A Moderated Mediation Model." International Journal of Environmental Research and Public Health 17, no. 13 (July 2, 2020): 4753. https://doi.org/10.3390/ijerph17134753.

Zipkin, Nina. "She Was Told 'No' 100 Times. Now This 31-Year-Old Female Founder Runs a $1 Billion Business." Entrepreneur, June 12, 2019. https://www. entrepreneur.com/article/310482.

第六章

52 Insights. "Garrett McNamara | On the Shoulders of Giants." 52 Insights, December 29, 2016. https://www.52-insights.com/garrett-mcnamara-on-the-shoulders-of- giants-interview-surfing-wave/.

60 Minutes. "Russian Free Diver Alexey Molchanov: The 60 Minutes Interview." www.cbsnews.com, September 26, 2021. https://www.cbsnews.com/video/free-diving-alexey-molchanov-60-minutes-video-2021-09-26/#x.

Aprendemos Juntos 2030. "V.O. Complete. A Spaceman's Guide to Life on Earth. Chris Hadfield, Astronaut." YouTube, January 26, 2019. https://www.youtube.com/watch?v=tuicma_u9SA.

Averill, Graham. "Even a Heart Attack Can't Slow 56-Year-Old Conrad Anker Down." Outside Online, April 14, 2019. https://www.outsideonline.com/health/ training-performance/conrad-anker-climbing-heart-attack/.

Corrigan, Kevin. "Alex Lowe and David Bridges' Bodies Found on Shishapangma." Climbing, May 1, 2016. https://www.climbing.com/news/alex-lowe-and-david-bridgess-bodies-found-on-shishapangma/.

Edmondson, Laurence. "Lewis Hamilton Is Building a 'Masterpiece.'" ESPN. com, November 4, 2019. https://www.espn.com/f1/story/_/id/28007004/lewis- hamilton-building-masterpiece.

Katy Vine. "The Astronaut Who Might Actually Get Us to Mars." Texas Monthly, 23 Jan. 2018, www.texasmonthly.com/articles/the-astronaut-who-might-actually-get- us-to-mars/.

Fallows, James. "The Steve Jobs of Beer." The Atlantic, October 15, 2014. https://www.theatlantic.com/magazine/archive/2014/11/the-steve-jobs-of-beer/380790/.

Formula 1. "Discover How Lewis Hamilton Went from 22-Year-Old Rookie to Six-Time Champion in Aramco Presents: Rise of the Rookie | Formula 1®." www.formula1.com, August 20, 2020. https://www.formula1.com/en/latest/article. discover-how-hamilton-went-from-22-year-old-rookie-to-six-time-champ-in-aramco-presents.1pfo94Ii7zfoWXXmpjGl0z.html.

Gill, Pete. “Lewis Hamilton Joins Mercedes for 2013: The Potential Winners and Losers.” Sky Sports, April 10, 2012. https://www.skysports.com/f1/news/22058/8129689/ lewis-hamilton-joins-mercedes-for-2013-the-potential-winners-and-losers.

Great Big Story. “Building the Engine That Will Take Us to Mars.” YouTube, December 17, 2019. https://www.youtube.com/watch?v=jiBVs9ZwA-Q.

Hadfield, Chris. An Astronaut’s Guide to Life on Earth. Toronto: Vintage Canada, 2015.

HBO. “100 Foot Wave | Official Website for the HBO Series | HBO.com.” www. hbo.com, 2022. https://www.hbo.com/100-foot-wave.

Housel, Morgan. “The Three Sides of Risk.” Collaborative Fund, August 8, 2020. https://www.collaborativefund.com/blog/the-three-sides-of-risk/.

JFK Library. “Space Summit: Welcome, ISS Greeting, and Former NASA Astronaut Dr. Franklin Chang Diaz (2019).” YouTube, July 26, 2019. https://www.youtube. com/watch?v=bT-9zJ7BE1M.

jgoodman@al.com, Joseph Goodman |. “Rare Look into Alabama’s Legendary Pregame Meetings Led by Nick Saban.” al, December 30, 2015. https://www.al.com/sports/2015/12/a_rare_look_into_alabamas_lege.html.

Joffrion, Emily Fields. "4 Founders Share Their Secret for Overcoming Failure at How I Built This Summit." Forbes, October 29, 2019. https://www.forbes.com/ sites/emilyjoffrion/2019/10/29/4-ceos-share-their-secret-for-overcoming-failure-at-how-i-built-this-summit/?sh=13ddf75f1ba2.

Luscombe, Belinda. "Life after Death." Time, 2017. https://time.com/sheryl-sandberg-option-b/.

Mcnamara, Garrett, and Karen Karbo. Hound of the Sea: Wild Man, Wild Waves, Wild Wisdom. New York: Harperwave, 2017.

Molchanovs Freediving. "Molchanovs Movement | Visualization Techniques with Alexey Molchanov | Molchanovs Freediving." YouTube, March 27, 2020. https://www.youtube.com/watch?v=6tK-6IbUcXI.

Mutrie, Tim. "Climbers Describe Deadly Avalanche." www.aspentimes.com, May 14, 2003. https://www.aspentimes.com/news/climbers-describe-deadly-avalanche/.

Netflix. "Watch 14 Peaks: Nothing Is Impossible | Netflix Official Site." www.netflix.com, 2021. https://www.netflix.com/title/81464765.

NPR. "Samuel Adams: Jim Koch." NPR.org, July 24, 2017. https://www.npr.org/2017/09/05/538347944/samuel-adams-jim-koch.

———. "Stacy's Pita Chips: Stacy Madison (2019)." NPR.org, August 9, 2021. https:// www.npr.org/2021/08/04/1024913084/stacys-pita-chips-stacy-madison-2019.

NPR Fresh Air. "Astronaut Chris Hadfield Brings Lessons from Space down to Earth." NPR.org, October 30, 2013. https://www.npr.org/2013/10/30/241830872/ astronaut-chris-hadfield-brings-lessons-from-space-down-to-earth.

Phounrath, Pepsi. "Special Session with Dr. Franklin Chang Díaz,." NASA, September 18, 2020. https://www.nasa.gov/image-feature/special-session-with-dr- franklin-chang-d-az-former-nasa-astronaut/.

Pompliano, Polina. "The Profile Dossier: Alexey Molchanov, the World's Most Daring Freediver." theprofile.substack.com, October 20, 2021. https://theprofile. substack.com/p/alexey-molchanov.

———. "The Profile Dossier: Chris Hadfield, the Astronaut Who Conquered Fear." theprofile.substack.com, June 3, 2020. https://theprofile.substack.com/p/the-profile-dossier-chris-hadfield.

———. "The Profile Dossier: Franklin Chang Díaz, the Astronaut Who Wants to Get Humans to Mars." theprofile.substack.com, January 5, 2022. https://theprofile.substack.com/p/franklin-chang-diaz.

———. "The Profile Dossier: Jim Koch, the Self-Made Beer Billionaire." theprofile.substack.com, December 9, 2020. https://theprofile.substack.com/p/the-profile-dossier-jim-koch-the.

———. "The Profile Dossier: Lewis Hamilton, the Driver Revolutionizing Formula 1." theprofile.substack.com, March 30, 2022. https://theprofile.substack.com/p/the-profile-dossier-lewis-hamilton.

———. "The Profile Dossier: Lynsey Addario, the War Photographer Capturing Our Collective Humanity." theprofile.substack.com, June 8, 2022. https://theprofile.substack.com/p/the-profile-dossier-lynsey-addario?s=w.

———. "The Profile Dossier: Matt Mullenweg, the CEO Shaping the Future of the Internet." theprofile.substack.com, March 2, 2022. https://theprofile.substack. com/p/the-profile-dossier-matt-mullenweg.

———. "The Profile Dossier: Nims Purja, the Mountaineer Who Summited the World's 14 'Death Zone' Peaks." theprofile.substack.com, December 15, 2021. https://theprofile.substack.com/p/nims-purja.

———. "The Profile Dossier: Stacy Madison, the Creator of a Pita Chip Empire." theprofile.substack.com, January 5, 2022. https://theprofile.substack.com/p/stacy-madison-pita-chips.

Religion of Sports. “Rise | Full Episode | Religion of Sports | Season 3.” YouTube, March 11, 2019. https://www.youtube.com/watch?v=SwY2soxwQSE.

Roach, Joshua Robinson | Photography by Cass Bird for WSJ Magazine | Styling by Law. “Lewis Hamilton, Star Formula 1 Driver, Plans to Revolutionize the Sport.” Wall Street Journal, October 27, 2021, sec. Magazine. https://www.wsj.com/articles/ lewis-hamilton-f1-driver-revolutionize-sport-profile-11635332391.

Rogan, Joe. “Joe Rogan Experience #414 - Cmdr. Chris Hadfield.” JRE Podcast, November 11, 2013. https://www.jrepodcast.com/episode/joe-rogan-experience-414-cmdr-chris-hadfield/.

Rosberg, Nico. “‘Surfing the World Record Wave’ ft. Garrett McNamara | Beyond Victory #6.” YouTube, November 20, 2018. https://www.youtube.com/watch?v=cYtsISU6M1I.

Sampiero, Josh. “The Nims Purja Paradox.” Red Bull, December 7, 2021. https://www.redbull.com/us-en/nims-purja-interview-dreams-mission-project-possible.

Schaffer, Grayson. “Alex Lowe’s Body Found on Shishapangma.” Outside Online, April 30, 2016. https://www.outsideonline.com/outdoor-adventure/climbing/alex-lowes-body-found-shishapangma/.

Seftel, Josh. “NOVA | ScienceNOW | Profile: Franklin Chang-Díaz: Rocket Scientist | PBS.” www.pbs.org, October 2, 2008. https://www.pbs.org/wgbh/nova/sciencenow/0403/04-diaz-nf.html.

TED. “What I Learned from Going Blind in Space | Chris Hadfield.” YouTube, March 19, 2014. https://www.youtube.com/watch?v=Zo62S0ulqhA.

The Knowledge Project. “Matt Mullenweg: Collaboration Is Key [the Knowledge Project Ep. #100].” Farnam Street. Accessed August 17, 2022. https://fs.blog/knowledge-project-podcast/matt-mullenweg/.

Turl, Jeff. “Don’t Fear Failure and Don’t Quit, Chris Hadfield Tells City Leaders.” BayToday.ca, February 9, 2018. https://www.baytoday.ca/local-news/dont-fear-failure-and-dont-quit-chris-hadfield-tells-city-leaders-829629.

TVIW. “1-1 Dr. Franklin Chang Diaz, Living and Working in Space, an Astronaut’s Perspective.” YouTube, March 9, 2019. https://www.youtube.com/watch?v=7gwk-zyqU5Y.

University of Utah. “Conrad Anker Commencement Address.” YouTube, May 8, 2017. https://www.youtube.com/watch?v=f7yRNCtrXqY.

Vaughn, Mark. “Lewis Hamilton’s Thoughts on Racing... At Age 13.” Autoweek, November 16, 2020. https://www.autoweek.com/racing/formula-1/a34680637/ lewis-hamilton-age-13/.

Zubrow, Keith. “Watch Free Diving Star Alexey Molchanov Capture a World Record.” www.cbsnews.com, July 31, 2022. https://www.cbsnews.com/news/free- diving-alexey-molchanov-world-record-60-minutes-2022-07-31/.

第七章

Barden, Jamie, Derek D. Rucker, Richard E. Petty, and Kimberly Rios. “Order of Actions Mitigates Hypocrisy Judgments for Ingroup More than Outgroup Members.” SAGE Publications, August 2013.

Clear, James. “Why Facts Don’t Change Minds.” James Clear, September 11, 2018. https://jamesclear.com/why-facts-dont-change-minds.

Dennett, Daniel. “The Folly of Pretence | Daniel Dennett.” The Guardian. The Guardian, February 22, 2017. https://www.theguardian.com/commentisfree/belief/2009/jul/16/daniel-dennett-belief-atheism.

Farnam Street. “The Munger Operating System: A Life That Works.” Farnam Street, April 13, 2016. https://fs.blog/munger-operating-system/.

Galef, Julia. “Rationally Speaking Podcast on Apple Podcasts.” Apple Podcasts. Accessed August 18, 2022. https://podcasts.apple.com/us/podcast/rationally-speaking-podcast/id351953012.

———. “How to Want to Change Your Mind.” YouTube. Accessed August 18, 2022. https://www.youtube.com/watch?v=fLG0kkgnRkc&t=104s.

———. “Why You Think You’re Right, Even When You’re Wrong.” ideas.ted.com, March 9, 2017. https://ideas.ted.com/why-you-think-youre-right-even-when- youre-wrong/.

Gecewicz, Claire. “‘New Age’ Beliefs Common among Both Religious and Nonreligious Americans.” Pew Research Center, October 2018. https://www.pewresearch.org/fact-tank/2018/10/01/new-age-beliefs-common-among-both-religious-and-nonreligious-americans/.

Graham, Paul. “How to Think for Yourself.” www.paulgraham.com, November 2020. http://www.paulgraham.com/think.html.

———. “The Four Quadrants of Conformism.” www.paulgraham.com, July 2020. http://www.paulgraham.com/conformism.html.

HBO. “The Vow NXIVM Documentary Series - Official Website.” HBO, 2020. https://www.hbo.com/the-vow.

Kappier, Maija. “3 Years after Leaving a Cult, Sarah Edmondson Is Still Questioning Everything.” HuffPost, January 24, 2021. https://www.huffpost.com/archive/ca/ entry/sarah-edmondson-nxivm-leaving-cult_ca_5fce5168c5b6636e09273820.

Krucoff, Carol. “The 6 O’Clock Scholar.” Washington Post, January 29, 1984. https://www.washingtonpost.com/archive/lifestyle/1984/01/29/the-6-oclock-scholar/eed58de4-2dcb-47d2-8947-b0817a18d8fe/.

Leonhardt, Megan. “All the Things You’re Doing Wrong When You Travel, according to Anthony Bourdain.” Money, March 12, 2018. https://money.com/ anthony-bourdain-advice-great-travel/.

Lerma, Martin. “Anthony Bourdain’s Final Travel Book Is Coming This Fall. Here’s What We Know.” sports.yahoo.com, January 15, 2020. https://sports.yahoo.com/anthony-bourdain-final-travel-book-203002264.html.

Marinova, Polina. “Blackstone CEO Steve Schwarzman on Hong Kong’s Unrest, the Rise of Bitcoin, and Fundraising as an ‘Out-of-Body Experience.’” Fortune, September 17, 2019. https://fortune.com/2019/09/17/blackstone-ceo-steve-schwarzman-on-hong-kongs-unrest-the-rise-of-bitcoin-and-fundraising-as-an-out-of-body-experience/.

MasterClass. "Neil DeGrasse Tyson Teaches Scientific Thinking and Communication." MasterClass, n.d. https://www.masterclass.com/classes/neil-degrasse-tyson-teaches- scientific-thinking-and-communication.

Meier, Barry. "Inside a Secretive Group Where Women Are Branded." The New York Times, October 17, 2017, sec. New York. https://www.nytimes.com/2017/10/17/nyregion/nxivm-women-branded-albany.html.

Pompliano, Polina. "The Profile Dossier: Annie Duke, the Master of Uncertainty." theprofile.substack.com, March 25, 2020. https://theprofile.substack.com/p/the-profile-dossier-annie-duke-the.

———. "The Profile Dossier: Anthony Bourdain, the World's Most Beloved Chef." theprofile.substack.com, November 25, 2020. https://theprofile.substack.com/p/anthony-bourdain.

———. "The Profile Dossier: Julia Galef, the Rational Thinker Helping Us Update Our Beliefs." theprofile.substack.com, September 1, 2021. https://theprofile.substack.com/p/julia-galef.

———. "The Profile Dossier: Stephen Hawking, the Explorer of the Universe." theprofile.substack.com, February 17, 2021. https://theprofile.substack.com/p/stephen-hawking.

Storr, Will. "We All Play the Status Game, but Who Are the Real Winners?" The Guardian, August 29, 2021. https://www.theguardian.com/society/2021/aug/29/we-all-play-the-status-game-but-who-are-the-real-winners.

Talks at Google. "Thinking in Bets | Annie Duke | Talks at Google." YouTube. Accessed August 18, 2022. https://www.youtube.com/watch?v=uYNsSeYjkp4.

The Ezra Klein Show. "Transcript: Julia Galef Interviews Philip Tetlock for 'the Ezra Klein Show.'" The New York Times, December 3, 2021, sec. Podcasts. https://www.nytimes.com/2021/12/03/podcasts/transcript-ezra-klein-podcast-philip-tetlock.html.

Tyson, Neil deGrasse. "Https://Twitter.com/Neiltyson/Status/1241107463803461636." Twitter, March 20, 2020. https://twitter.com/neiltyson/status/1241107463803461636?lang=en.

Weiss, Bari. "Honestly with Bari Weiss: How 'Luxury Beliefs' Hurt the Rest of Us on Apple Podcasts."Apple Podcasts. Accessed August 18, 2022. https://podcasts.apple.com/ us/podcast/how-luxury-beliefs-hurt-the-rest-of-us/id1570872415?i=1000540733255.

第八章

Adams, Tim. "John Cacioppo: 'Loneliness Is like an Iceberg – It Goes Deeper than We Can See.'" The Guardian, January 25, 2019. https://www.theguardian. com/science/2016/feb/28/loneliness-is-like-an-iceberg-john-cacioppo-social-neuroscience-interview.

Baiocchi, Stephanie. "Audience vs. Community: What's the Difference for Your Brand?" www.impactplus.com, August 14, 2019. https://www.impactplus.com/blog/audience-vs.-community-whats-the-difference-for-your-brand#:~:text=Author%20Chris%20Brogan%20once%20said.

BBC America. "Taylor Swift's Fans *Die* at 1989 Secret Listening Parties - the Graham Norton Show on BBC America." YouTube. Accessed July 19, 2021. https://www.youtube.com/watch?v=kGVg6gjBJ2w.

Brodesser-Akner, Taffy. "What Happened to Val Kilmer? He's Just Starting to Figure It Out." The New York Times, May 6, 2020. https://www.nytimes.com/2020/05/06/magazine/val-kilmer.html.

Fukada, Shiho. "Bloomberg - Are You a Robot?" Bloomberg.com, 2020. https:// www.bloomberg.com/news/features/2018-03-16/japan-s-prisons-are-a-haven-for-elderly-women.

Gajanan, Mahita. “Taylor Swift Crashes Fan’s Wedding.” Vanity Fair, June 5, 2016. https://www.vanityfair.com/style/2016/06/taylor-swift-crashes-fan-wedding-for-surprise-performance.

Kramer, A. D. I., J. E. Guillory, and J. T. Hancock. “Experimental Evidence of Massive-Scale Emotional Contagion through Social Networks.” Proceedings of the National Academy of Sciences 111, no. 24 (June 2, 2014): 8788–90. https://doi.org/10.1073/pnas.1320040111.

Leaf, Ryan. “Letter to My Younger Self | by Ryan Leaf.” The Players’ Tribune, April 26, 2017. https://www.theplayerstribune.com/articles/ryan-leaf-nfl-letter-to- my-younger-self.

Lore, Marc. “Are Your Customers in Love with You or Are You Stuck in the ‘Friend Zone?’” www.yahoo.com, July 16, 2018. https://www.yahoo.com/news/customers-love-stuck-friend-zone-223846195.html.

MasterClass. “Ron Finley Teaches Gardening.” MasterClass, n.d.

Miller, Lisa. “How Humans of New York Found a New Mission.” Intelligencer, March 2, 2022. https://nymag.com/intelligencer/article/humans-of-new-york- brandon-stanton.html.

Pompliano, Polina. "'Atomic Habits' Author James Clear: 'I'm Never far from a Good Idea.'" theprofile.substack.com, January 12, 2021. https://theprofile.substack. com/p/james-clear?s=w.

———. "The Profile Dossier: Bryan Stevenson, the Death Row Lawyer." theprofile. substack.com, January 2, 2020. https://theprofile.substack.com/p/the-profile- dossier-bryan-stevenson.

———. "The Profile Dossier: Christina Tosi, the Chef Who Built a Dessert Empire." theprofile.substack.com, July 7, 2021. https://theprofile.substack.com/p/christina- tosi.

———. "The Profile Dossier: Marc Lore, the Serial Entrepreneur Building Billion-Dollar Companies." theprofile.substack.com, May 11, 2022. https://theprofile. substack.com/p/marc-lore.

———. "The Profile Dossier: Ron Finley, the Gangster Gardener." theprofile. substack. com, March 23, 2022. https://theprofile.substack.com/p/the-profile-dossier-ron- finley-the.

———. "The Profile Dossier: Troy Carter, Silicon Valley's Favorite Talent Manager." theprofile.substack.com, September 2, 2020. https://theprofile.substack.com/p/the-profile-dossier-troy-carter-silicon.

———. "The Profile: Why Community Is the Antidote to Loneliness." theprofile.substack.com, December 22, 2019. https://theprofile.substack.com/p/the-profile- the-billionaire-preaching?s=w.

———. "The Science behind Why Social Isolation Can Make You Lonely." theprofile.substack.com, May 9, 2020. https://theprofile.substack.com/p/the-science-behind-why-social-isolation?s=w.

Pompliano, Polina Marinova. "Inside the Mind of 'Humans of New York' Creator Brandon Stanton." theprofile.substack.com, October 20, 2020. https://theprofile.substack.com/p/inside-the-mind-of-humans-of-new.

Sacks, Danielle. "Troy Carter: Fired by Lady Gaga and Loving It." Fast Company, January 13, 2014. https://www.fastcompany.com/3024171/step-up-troy-carter.

Stevenson, Bryan. Just Mercy: A Story of Justice and Redemption. S.L.: Scribe Publications, 2020.

Strauss, Neil. "Elon Musk: Inventor's Plans for Outer Space, Cars, Finding Love – Rolling Stone." Rollingstone.com. Rolling Stone, November 15, 2017. https:// www.rollingstone.com/culture/culture-features/elon-musk-the-architect-of-tomorrow-120850/.

Suster, Mark. "Lady Gaga's Former Mentor on Spotting, Nurturing and Mentoring Talent." Inc.com, March 1, 2016. https://www.inc.com/mark-suster/lady-gagas-former-mentor-on-spotting-nurturing-and-mentoring-talent.html.

Swift, Taylor. "Taylor Swift's Gift Giving of 2014 | SWIFTMAS." YouTube, n.d. https://www.youtube.com/watch?v=j3yyF31jbKo.

Wein, Harrison, ed. "Care and Connection." NIH News in Health, July 27, 2018. https://newsinhealth.nih.gov/2018/08/care-connection.

第九章

arts-news 2. "Matt Haig: Reasons to Stay Alive." Vimeo, August 27, 2015. https://vimeo.com/137507982.

Brooks, David. "A Commencement Address Too Honest to Deliver in Person." The Atlantic, May 13, 2020. https://www.theatlantic.com/ideas/archive/2020/05/commencement-address-too-honest-have-been-delivered-person/611572/.

Eger, Edith Eva. The Choice. London: Rider, 2018.

Hartman, Darrell. “20 Odd Questions: Fashion Designer Brunello Cucinelli.” Wall Street Journal, May 27, 2011, sec. Life and Style. https://www.wsj.com/articles/SB10001424052702304066504576341251329702820.

MasterClass. “Malcolm Gladwell Teaches Writing.” MasterClass, n.d.

Murakami, Haruki. Norwegian Wood. Random House UK, 2013.

Musk, Elon. “Https://Twitter.com/Elonmusk/Status/1465786605889892356.”Twitter, November 30, 2021. https://twitter.com/elonmusk/status/1465786605889892356.

Nielsen. “Time Flies: U.S. Adults Now Spend Nearly Half a Day Interacting with Media.” Nielsen, July 2018. https://www.nielsen.com/insights/2018/time-flies-us-adults-now-spend-nearly-half-a-day-interacting-with-media/#:~:text=American%20adults%20spend%20over%2011.

Pompliano, Polina. “‘Atomic Habits’ Author James Clear: ‘I’m Never far from a Good Idea.’” The Profile, January 12, 2021. https://theprofile.substack.com/p/james-clear.

———. “The Profile Dossier: Brunello Cucinelli, the Philosopher King of Cashmere.” theprofile.substack.com, February 24, 2021. https://theprofile.substack.com/p/brunello-cucinelli.

———. “The Profile Dossier: Edith Eva Eger, the Holocaust Survivor Who Escaped the Prison of Her Mind.” theprofile.substack.com, April 7, 2021. https://theprofile.substack.com/p/edith-eva-eger.

———. “The Profile Dossier: Jon Kabat-Zinn, the Master of Mindfulness.” theprofile.substack.com, April 27, 2022. https://theprofile.substack.com/p/jon-kabat-zinn.

———. “The Profile Dossier: Malcolm Gladwell, the Thinker Selling Good Ideas.” theprofile.substack.com, May 13, 2020. https://theprofile.substack.com/p/the- profile-dossier-malcolm-gladwell?s=w.

———. “The Profile Dossier: Shonda Rhimes, the Hollywood Rule-Breaker.” theprofile.substack.com, July 1, 2020. https://theprofile.substack.com/p/the-profile-dossier-shonda-rhimes.

———. “The Profile Dossier: Tom Brady, the Greatest Quarterback of All Time.” theprofile.substack.com, February 3, 2021. https://theprofile.substack.com/p/tom-brady.

Rhimes, Shonda. Year of Yes: How to Dance It Out, Stand in the Sun and Be Your Own Person. London: Simon & Schuster UK Ltd, 2016.

Schomer, Audrey. “US Time Spent with Media 2021.” Insider Intelligence, May 27, 2021. https://www.insiderintelligence.com/content/us-time-spent-with- media-2021.

Versus on Watch. "Versus on Watch - S1:E1 the Physical Game | Facebook | by versus on Watch | Coming off the Greatest Comeback in Super Bowl History, New England Patriots Quarterback Tom Brady Is Already Looking Ahead to next Season. This Premiere..." www.facebook.com, January 25, 2018. https://www.facebook.com/vsonwatch/videos/2081108082122933/.

Wheelwright, Trevor. "Cell Phone Behavior Survey: Are People Addicted to Their Phones?" reviews.org, January 24, 2022. https://www.reviews.org/mobile/cell- phone-addiction/.

第十章

Ballard, Chris. "David Stern Has No Time for War Stories." Sports Illustrated, October 24, 2018. https://www.si.com/nba/2018/10/24/david-stern-adam-silver-lebron- james-chris-paul-donald-trump-lakers-hornets.

Clear, James, and Anna Quindlen. "Redirect Notice." www.google.com, 1999. https://www.google.com/url?q=https://jamesclear.com/great-speeches/1999-mount-holyoke-commencement-speech-by-anna-quindlen.

Cole, Adam. “Does Your Body Really Refresh Itself Every 7 Years?” NPR, June 28, 2016, sec. Your Health. https://www.npr.org/sections/health-shots/2016/06/28/483732115/how-old-is-your-body-really.

Decent Ape. “Matthew McConaughey University of Houston Speech - YouTube.” YouTube, n.d. https://www.youtube.com/watch?v=BmCTQ_mkzHU.

Hoge, Robert. “5 Things I’ve Learned from Being ‘Ugly.’” Time. Accessed August 18, 2022. https://time.com/4476035/robert-hoge-advice/.

Howard, Henry. “The Running, Writing Journey of Katie Arnold.” runspirited, November 26, 2019. https://www.runspirited.com/single-post/2019/11/26/the-running-writing-journey-of-katie-arnold.

Hyland, Veronique. “Dolly Parton May Look Artificial, but She’s Totally Real.” Elle, October 9, 2019. https://www.elle.com/culture/a29282948/dolly-parton-jolene-interview-2019/?.

Keown, Tim. “Francis Ngannou and His Miraculous Journey to UFC 270.” ESPN.com, January 21, 2022. https://www.espn.com/espn/feature/story/_/id/33100543/francis-ngannou-miraculous-journey-ufc-stardom.

McGrath, Ben. “The Fourth Quarter.” The New Yorker, March 24, 2014. https:// www.newyorker.com/magazine/2014/03/31/the-fourth-quarter.

Morgan, Emmanuel. “The Fearsome, Quiet Champion.” The New York Times, January 21, 2022, sec. Sports. https://www.nytimes.com/2022/01/21/sports/francis- ngannou-ufc-fight.html?utm_source=pocket_mylist.

Pompliano, Polina. “‘Atomic Habits’ Author James Clear: ‘I’m Never far from a Good Idea.’” theprofile.substack.com, January 12, 2021. https://theprofile.substack. com/p/james-clear?r=2crk.

———. “Meet Robert Hoge, the ‘Ugly’ Human Living a Beautiful Life.” theprofile.substack.com, August 10, 2022. https://theprofile.substack.com/p/robert-hoge-interview.

———. “Noah Galloway on Combating Depression, Building Mental Resilience, and Starting Over.” theprofile.substack.com, December 8, 2020. https://theprofile.substack. com/p/noah-galloway.

———. “The Profile Dossier: Dolly Parton, the Queen of Country Music.” theprofile.substack.com, March 10, 2021. https://theprofile.substack.com/p/dolly-parton.

———. “The Profile Dossier: Kobe Bryant, Basketball’s Greatest Storyteller.” theprofile.substack.com, January 27, 2021. https://theprofile.substack.com/p/kobe-bryant.

———. "The Profile Dossier: Kyle Maynard, the Man Pushing the Limits of Human Potential." theprofile.substack.com, January 26, 2022. https://theprofile.substack.com/p/kyle-maynard.

———. "The Profile Dossier: Matthew McConaughey, Hollywood's 'Whiskey Philosopher.'" theprofile.substack.com, November 18, 2020. https://theprofile.substack.com/p/the-profile-dossier-matthew-mcconaughey.

———. "The Profile Dossier: UFC Champion Francis Ngannou, the Baddest Man on the Planet." theprofile.substack.com, April 13, 2022. https://theprofile.substack. com/p/francis-ngannou-ufc.

Rogan, Joe. "JRE MMA Show #99 with Francis Ngannou." open.spotify.com, February 9, 2021. https://open.spotify.com/episode/6h2N6q4gUZ32z1IsvyXFKh.

Seftel, Josh. "NOVA | ScienceNOW | Profile: Franklin Chang-Díaz: Rocket Scientist | PBS." www.pbs.org, October 2, 2008. https://www.pbs.org/wgbh/nova/sciencenow/0403/04-diaz-nf.html.

TED. "The Psychology of Your Future Self | Dan Gilbert." YouTube. Accessed August 18, 2022. https://www.youtube.com/watch?v=XNbaR54Gpj4&feature=emb_title.

總結

Babson College. “Tory Burch’s Commencement Speech at Babson College.” YouTube, 2014. https://www.youtube.com/watch?v=QUjTbNcvhbY.

Burch, Tory. “Https://Twitter.com/Toryburch/Status/1261829064358268929.” Twitter, May 16, 2020. https://twitter.com/toryburch/status/1261829064358268929.

Cohen, Ben. “The NASA Engineer Who Made the James Webb Space Telescope Work.” Wall Street Journal, July 7, 2022, sec. Business. https://www.wsj.com/articles/nasa-james-webb-space-telescope-greg-robinson-images-11657137487.

Decent Ape. “Matthew McConaughey University of Houston Speech - YouTube.” YouTube, n.d. https://www.youtube.com/watch?v=BmCTQ_mkzHU.

Gelles, David. “Why Melinda Gates Spends Time ‘Letting My Heart Break.’” The New

York Times, December 4, 2020, sec. Business. https://www.nytimes.com/2020/12/04/business/melinda-gates-interview-corner-office.html.

Pompliano, Polina. “100 Couples Share Their Secrets to a Successful Relationship.” theprofile.substack.com, July 16, 2020. https://theprofile.substack.com/p/100-couples-share-their-secrets-to?s=r.

———. "How to Improve Your Content Diet in the New Year." theprofile.substack.com, January 2, 2021. https://theprofile.substack.com/p/content-diet.

———. "The Profile Dossier: Grant Achatz, America's Most Creative Chef Playing Mind Games." theprofile.substack.com, September 9, 2020. https://theprofile.substack.com/p/the-profile-grant-achatz-americas?s=w.

———. "The Profile Dossier: Jerry Seinfeld, the Lifelong Student of Comedy." theprofile.substack.com, January 27, 2022. https://theprofile.substack.com/p/jerry-seinfeld.

———. "The Profile Dossier: Lionel Messi, the World's Greatest Footballer." theprofile. substack.com, June 9, 2021. https://theprofile.substack.com/p/lionel-messi.

Weiner, Jonah. "Jerry Seinfeld Intends to Die Standing Up." The New York Times, December 20, 2012, sec. Magazine. https://www.nytimes.com/2012/12/23/ magazine/jerry-seinfeld-intends-to-die-standing-up.html?utm_source=pocket_mylist.

財經企管 BCB815

隱形天賦：成功人士的十種祕密思維

Hidden Genius：
The secret ways of thinking that power the world's most successful people

作者——寶琳娜・瑪麗諾娃・龐普莉亞諾 Polina Marinova Pompliano

譯者——黃瑜安

總編輯——吳佩穎
財經館副總監——蘇鵬元
責任編輯——黃雅蘭
內頁設計——陳玉齡
封面設計——蔡怡欣

出版者——遠見天下文化出版股份有限公司
創辦人——高希均、王力行
遠見・天下文化 事業群榮譽董事長——高希均
遠見・天下文化 事業群董事長——王力行
天下文化社長——林天來
國際事務開發部兼版權中心總監——潘欣
法律顧問——理律法律事務所陳長文律師
著作權顧問——魏啟翔律師
社址——台北市 104 松江路 93 巷 1 號
讀者服務專線—— 02-2662-0012 ｜傳真 02-2662-0007；02-2662-0009
電子郵件信箱—— cwpc@cwgv.com.tw
直接郵撥帳號—— 1326703-6 號 遠見天下文化出版股份有限公司

電腦排版——陳玉齡
製版廠——東豪印刷事業有限公司
印刷廠——祥峰造像股份有限公司
裝訂廠——台興造像股份有限公司
登記證——局版台業字第 2517 號
總經銷——大和書報圖書股份有限公司 電話／ 02-8990-2588
出版日期—— 2023 年 10 月 31 日第一版第一次印行

定價—— 450 元
ISBN —— 978-626-355-492-4 ——（EPUB：9786263554887）；（PDF：9786263554870）
書號—— BCB815
天下文化官網—— bookzone.cwgv.com.tw

國家圖書館出版品預行編目（CIP）資料

隱形天賦 : 成功人士的十種祕密思維 / 寶琳娜 . 瑪麗諾娃 . 龐普莉亞諾 (Polina Marinova Pompliano) 作 ; 黃瑜安譯 . -- 第一版 . -- 臺北市 : 遠見天下文化出版股份有限公司 , 2023.10
304 面 ; 14.8x21 公分 . -- (財經企管 ; BCB815)
譯自 : Hidden genius : the secret ways of thinking that power the world's most successful people.

ISBN 978-626-355-492-4(平裝)

1.CST: 成功法

177.2　　112017369

天下·文化

BELIEVE IN READING